戦争がもたらすものを撮る

沖縄戦映画『島守の塔』
監督・五十嵐匠の軌跡

堀ノ内雅一 著　五十嵐匠 語り

泉町書房

序章　映画『島守の塔』「1年8カ月の撮影中断を前に」

2020年3月17日（火）21時46分
『新作は自信ないけど、なんとかやってみるという感じです。映画は毎回ちがうからな。思うんだけど、これからはめんどくさいけどいろいろと考えなくちゃいけないな。まず、健康。いつのまに60歳を超えて、身体もガタガタです。
本は、好きに書いてください。』

'20年3月24日（火）19時56分
『沖縄にいる。明日からクランクインです。』

20時45分
『映画の情報も出ると思います。大したことないけど。まあなるようになれです。
今日、飲み屋でみんなといるとき、隣の席の50歳くらいの女性と話しました。映画好きで、『カッコーの巣の上で』により、人生救われたとのこと。映像も登場人物のキャラもロボトミー手術のシーンも、オレより『カッコー』のことに詳しかった。うれしかった。』

20時48分

『映画はいろいろな人を救う。』

これらは、映画監督の五十嵐匠《いがらししょう》から届いたＬＩＮＥのメッセージだ。

五十嵐は、『ＳＡＷＡＤＡ』（'96）、『地雷を踏んだらサヨウナラ』（'99）、『みすゞ』（'01）、『二宮金次郎』（'19）など、沢田教一、一ノ瀬泰造、金子みすゞといった実在した人物の映像化で定評のある、１９５８年、青森市生まれの63歳。

五十嵐と筆者との付き合いは長い。10代のころに立教大学で出会い、それこそ腐れ縁というやつで、卒業後に五十嵐は映画の世界へ、こちらはライター稼業に就いたこともあって、彼は自分の新作映画が動き出すたびにシナリオ台本やチラシなどを送ってくれた。筆まめな彼らしく、ときには海外のロケ現場から絵はがきなども届くということが、この45年ほど続いていた。かといって、どこかの媒体で作品を紹介してほしいと依頼されるわけでもなく、いったん始めたことを長く続ける根気強さは彼の持ち味の一つと思う。今回、個人的にもらったＬＩＮＥではあるが、そのときどきの素の心情を表しているものと思い、本人の承諾を得て一部を活字にした。

これらのメッセージを受け取った時期は、コロナ禍が日本で始まってまだ間もない２０２０年の3月。文面について、若干の補足が必要だろう。冒頭にある「新作」とは、2022年7月に公開される五十嵐の監督作品である映画『島守の塔』（'22）のことだ。

これは、第二次世界大戦末期の'45年春に始まる住民を巻き込んだ日本国内唯一の地上戦（当時日本が統治していた満州、樺太、パラオ諸島などを除く）であり、20万人以上が犠牲となったという沖縄戦において、沖縄最後の官選知事となった島田叡《しまだあきら》と、沖縄県警察部長の荒井退造《あらいたいぞう》を主人公に据えた映画。沖縄戦の混乱のなか、「命どぅ宝、生きぬけ！」と叫びながら、最後まで県民保護や食糧確保に尽力したふたりの島守を通して、命の大切さを問う作品だ。「命どぅ宝《ぬちどぅたから》」とは、沖縄の言葉で「命こそ宝」を意味し、同時にこの映画のテーマともなっている。

脚本は五十嵐と柏田道夫、出演は、島田役に萩原聖人《はぎわらまさと》、荒井役に村上淳、ヒロインで島田に仕える県職員の比嘉凛役に吉岡里帆。さらに現代の凛を今から70年近く前に『ひめゆりの塔』（'53）で主演した香川京子が演じるなどベテラン、演技派が揃い、スタッフも五十嵐組を中心に結集している。

また、「島守の塔」は、沖縄県南部の糸満市にある摩文仁《まぶに》の丘に'51年6月に建立された沖縄県職員と島田、荒井を祀る慰霊碑である。彼らは、'45年6月26日、この摩文仁の森へふたりで向かったあとに消息を断ち、遺体は発見されていない。島田は享年43、荒井は享年44であった。

かねてより、五十嵐から、

「これまでベトナム戦争や難民をテーマにした映画も撮ってきたが、いつか日本の戦争を撮りたい」

との思いを聞かされていた私は、次作のテーマが沖縄戦と知り、撮影そのものもだが、戦後も10年以上を経て生まれた彼が、その映像にどんな思いを込めるのかということにも、戦争を知らない同世代のひとりとして大いに興味があった。そこで、『島守の塔』の完成までと、そこに至る彼の映画人生の道のりを1冊の本にまとめたいと思い、協力を依頼していた。「本は、好きに書いてください」との記述は、書籍化について承諾した旨を記したものであった。

衰退する一方の日本映画界において、自分の企画を実現させるために、多くの映画で自ら資金集めまでして撮り続ける五十嵐の姿を、離れた場所からではあるが、私はずっと見てきた。『みすゞ』('01)や『HAZAN』('03)では、地方を巻き込んでの映画制作で「地方創世映画」ブームを牽引し、前作の『二宮金次郎』では、「いびつな現在の日本映画界」への一つの回答として、2億円以上もの制作費を投じながら、あえて映画館では上映せず、全国のホールや公民館などを回って観客に届けるという新たな上映スタイルを実現していた。

こうして、いわばゲリラ的な映画作りのチャレンジを続けていただけに、最近は会うごとに「あと何本、映画を撮れるだろう」と呟くようになっていた五十嵐にとって、『島守の塔』は間違いなく勝負をかけた作品であり、本人は嫌がるかもしれないが、集大成となるのではないかという予感めいたものもあった。

ちなみに、私とこの本の出版社代表で、五十嵐と同じく青森出身の斎藤信吾との間で同企画について最初に話をしたときには、まだコロナは世の中に存在すらしていなかった。

その後、書籍の企画を説明するために、当時、赤坂にあった五十嵐の事務所（ストームピクチャーズ）を初めて斎藤とともに訪ねたのが、3月17日の午後。冒頭のメールはその日の夜に受け取ったものだ。およそ1カ月前にはクルーズ船ダイヤモンド・プリンセス号の集団感染が発覚し、すでに日本でもコロナが話題になっていたが、まだこの時点では、その後数年間にわたってコロナ禍が続くとは、世界中の誰も想像していなかったと思う。

当初、戦後75年企画の映画として動き出し、'21年に公開予定だった『島守の塔』のクランクインは'20年3月25日と定められており、前年にはロケハンも済ませ、一部のスタッフは早くから沖縄入りして数日後の監督の沖縄入りを待ち構えているという、あわただしい状況のなかでの事務所訪問だった。

「『金次郎』も、少しずつコロナの影響で、ホールなどの上映延期の話が出始めたよ。まあ、先はどうなるかわからないが、今週末、次の映画を撮りに、沖縄へ行ってくるよ」

別れ際、五十嵐はそう言って、いつもの、ぶっきらぼうなながにも若干のはにかみを含んだ口調で、私たちを送り出してくれた。

コロナの影響が出始めたとはいえ、『二宮金次郎』の上映もこの時点では比較的順調に動いているとのことで、その安堵もあったと思う。そこへ1週間もしないで沖縄のロケ現場に向かうという高揚感も加わり、「疲れている」「もう年だな」と口にする愚痴っぽい言葉とは裏腹に、その表情は気迫に満ちていたのを覚えている。

五十嵐も私も昭和33年、1958年の生まれだ。

この年といえば、当時の人はプロ野球の巨人軍長嶋茂雄デビューやインスタントラーメン誕生などを思い浮かべるのだろうか。しかし、この年こそ、日本において映画の観客動員数が約11億3000万人でピークを迎えた年である。

当時の人口を考えても、すべての国民が1カ月に1回、映画館へ足を運んでいた計算となり、映画館のおおよその数も全国で7600館、東京だけで640館という、まさに映画が娯楽の王様だった時代だ。制作本数も年間500本を超えていた。それが1958年を頂点にして下降が続き、入場者数が、東京オリンピックのころには3分の1近くに激減する。すべては戦後の経済成長による娯楽の多様化と、1953年に放送開始となったテレビの普及のせいだった。

そんななか、映画監督の道を選んだ五十嵐は、皮肉な見方だが、実はその誕生の瞬間から、まさに映画の衰退とともに人生を送ってきたことになる。

「監督というのは、ごんぼ掘ってれば※、なんとかなるもんだ」

※「ごんぼ掘る」：津軽弁で「ダダをこねる、意地をはる」の意味。「ゴボウを掘る」が訛ったもの。土の中に埋まったゴボウを掘ることは容易ではないため、猛烈に駄々をこねたりして一筋縄ではいかないようなことをするのを「ごんぼほる」というようになった。

監督業について、彼が津軽弁を用いて語った言葉だ。

自分の作りたいと思った映画を自分で撮る。彼が持ち続けてきた、いわば自主映画精神は、学生のころの8ミリ時代から変わらない。五十嵐に、彼の言葉を借りれば、ときに「ジタバタしながら」も、40年以上も映画を撮らせ続けているものはなんだろう。それも、この本のもう一つのテーマだ。

初の劇場用16ミリ映画『津軽』('89)での資金不足による制作中断、メジャー映画『天国までの百マイル』('00)での監督降板騒動、『十字架』('15)での主演俳優の不祥事による上映中止など、いくつもの逆境を乗り越えてきた映画監督がコロナごときで挫けるわけがないと信じてはいた。

しかし、冒頭2番目のLINEのわずか4日後には、スタッフの体調不良で撮影が中断し、まさか、そのまま1年8カ月もの歳月が撮影を再開できぬまま過ぎていこうとは、誰も想像していなかった。もちろん、当の五十嵐も。

初期の代表作である『SAWADA』『地雷を踏んだらサヨウナラ』では、ベトナムやカンボジアなど海外での戦争を背景にしながら活躍したカメラマンたちの生きざまを描いた。その後も各時代で真摯に生きた人物の姿に迫ってきた五十嵐が、新作『島守の塔』を手がけるにあたり口にしたのが、次の言葉だった。

「戦争そのものではなく、戦争がもたらしたものを描く」

今年は、沖縄の本土復帰50年の節目である。加えて、2月にはロシアによるウクライナ侵攻まで勃発。国内に目を向けても、そうした海外情勢に乗じるようにして、にわかにきな臭い空気が充満しつつある。その年に、「命どぅ宝」をテーマとした映画『島守の塔』が公開されることを思うと、コロナ禍で撮影延期を余儀なくされた長い年月も、より一層重い意味を持つように思えるのだ。

「戦争がもたらすものを撮る」目次

第5章 映画監督では食えない

第6章 『島守の塔』 戦争がもたらすものを撮る②

――瀕死の映画をみんなで救いあげる

第7章

『天国までの百マイル』の挫折から地方創世映画へ

『天国までの百マイル』『みすゞ』『HAZAN』『アダン』『長州ファイブ』『半次郎』『十字架』

第 1 章

『島守の塔』

戦争が もたらすものを 撮る①

撮影中断の経緯と「命どぅ宝」

「苦渋の撮影中断」決定

「撮り切れなかったよ、沖縄」

久しぶりに五十嵐からの電話が筆者にあったのは、2020年3月30日の日付が変わろうとするころ。赤坂の事務所を訪問して、ちょうど2週間になろうとしていた。

それから彼は、映画『島守の塔』のクランクインからわずか4日ほどで、沖縄のロケ現場で突然10人以上のスタッフが高熱でバタバタと倒れていき、自分は撮影の続行を希望したが、コロナの集団感染の疑いもあり、やむなく撮影中断を受け入れたことなどを一方的に喋《しゃべ》った。

酔っているのも、声の沈んだトーンですぐにわかった。五十嵐の深夜の電話は、長年の経験からわかるが、いい話であったためしがない。黒電話の時代と違い、深夜の携帯の画面に「イガラシ」と表示されたときは、胸の辺りが少しザワザワとした。

そして、この日の電話の最後、彼は胸につかえていた思いを吐き出すようにして、言った。

「オレは死ぬ気で映画を撮っているのに」

もちろん、その強い語調の言葉が、コロナで死んでもかまわないなどという短絡的な意味ではないのは、きちんと記しておくべきだろう。彼が、過去の作品同様に、この『島守の塔』でも、それほどの覚悟をもって映画作りに臨んだにも関わらず撮影を中断せざるをえなかった悔しさ、無念さを、長い付き合いの私にぶつけているのだと理解した。

'20年4月1日（水）19時20分
『おう、元気か。コロナはひどいな。結局、撮り切れなかった。明後日また沖縄に行く。どうにでもなれ。』

'20年4月2日（木）20時38分
『なんだろう。それぞれの生き抜く準備がないままコロナ。さて、こちらはどうするんだ。』

3月30日の深夜の電話からわずか2日後のＬＩＮＥで、五十嵐が、いったん自宅のある埼玉に戻りはしたが、映画の早期再開を期して短い間に沖縄行きを重ねているのがわかった。『大変だと思いますが体に気をつけて』と、通り一遍の返事しかできない自分が情けない。そこからしばらくは、ＬＩＮＥも電話も来なくなった。

私自身は、『島守の塔』の撮影中断により、これから動こうとしていた本の話はどうなるのだろうと、ぼんやりとした不安を感じてはいた。しかし、一方で、五十嵐のＬＩＮＥには「どうにでもなれ」や「こちらはどうするんだ」という投げやりとも取れる文面もあったが、これまでの長い付き合いから、彼がけっして諦めていないことは、頭のどこかで確信していた。

以下は、五十嵐自身の口から語られた、『島守の塔』の撮影中断を決意する前後の出来事である。

3月25日に沖縄でクランクインして最初の数日は、過去の僕の映画の撮影と比べても、天気もスタッフのチームワークも最高に順調な滑り出しだった。セットを使った撮影ではなくて、外の海岸や港で対馬丸事件のシーンなどから撮り始めていました。その後も、吉岡里帆さんの凛と妹の由紀のシーンなども、早めに撮影していました。吉岡さんも、由紀役で沖縄出身の池間夏海さんも、この時点でかなり脚本を読み込んでいたようで、とてもいい芝居をしていました。

それが28日に突然、スタッフのひとりが倒れるんです。すでに前月の2月にはコロナは日本中の関心事になっていましたから、僕らも毎朝、全員が体温を計ってから現場に出るようにしていましたが、その日から、ドライバーやメイクのスタッフたちなどが次々と高熱を訴えたり、寝込んだりするようになるんです。

瞬く間に11人が倒れて、こりゃ大変だというので、すぐに検査をしようとしましたが、当時、沖縄はまだ検査体制が整備されていなくて、なんとか大きな病院を探してPCR検査をしました。その結果は中1日程度でわかるとのことでした。

出た検査結果は、全員が陰性だったんです。ただ、実際に撮影はストップしましたから、その結果を受けて3月31日にプロデューサーはじめ撮影、照明など各部のトップたちを、泊まっていた那覇のホテルの会議室に集めて、一人ひとりに意見を聞きました。すると、その場にいた全員が、撮影を続けるべきではないという意見でした。

あのとき、口には出さなかったけど、僕自身は、ひとりでも続行を口にすれば沖縄の分だけでも撮り切りたいと考えてました。僕にはロケが始まる前から準備をしていた2年近い日々があったから、ああ、彼らと僕とでは熱量が違うんだと思ったのも、その時の素直な気持ちです。「ここまでやってきて」という思いはあったんだけど、それは彼らには関係ないことですよね。だから、やっぱり自分のなかで収めましたが、正直、きつかった。コロナ禍ですから、誰が悪いわけでもないのが余計に。

結局、それで全員が中断を希望したんですね。志村けんさん死去の報道も、すごく影響しています。ちょうどそのニュースが速報として飛び込んでくるのが30日朝で、僕らの現場も、あれでガラッと雰囲気が変わっちゃった。

何より、中断のいちばんの決め手は、会議のなかでスタッフの誰かが言った、

「『命どぅ宝』がテーマの映画なのに、どうして続けられるんだ」

という言葉でした。他にも同様の意見を聞きました。

僕自身も、そう思って納得し、撮休（撮影休止）を宣言しました。

製作委員会に名を連ねる栃木県の地方紙、下野《しもつけ》新聞社の営業局室長の綱川仁士（52歳）は、沖縄ロケの撮影チームにコロナの感染者が出たかもしれないとの一報を電話で受け、現場にこう伝えた。

「まず、すぐにするべきは、撮影チームのなかで、これ以上感染を広げないことです。取り急ぎ、3月30日は撮休にしてください。すると31日は元々撮休日ですから、合わせて2日間、様子を見られますよね。その間にスタッフの志気やエキストラの調整などの様子を見ながら、今後について総合的に判断しましょう」

そのときの混乱した現場の様子を、綱川はこう語る。

「各部のトップを集めた会議では、最後は多数決で続行か休止かを問うたそうです。監督も、その間に元沖縄県副知事で映画の製作委員会委員長である嘉数昇明《かかずのりあき》さんにも相談して、『命の大切さを描く物語となる映画だから、この撮影で誰かが命を落とすこともあるというのなら、中断する判断もあるだろう』との言葉を受け入れたそうです。

ロックダウンの噂もあるなか、スタッフの数名は『明日には帰りたい』と言って、本当に荷物を置いたまま東京に戻った人もいたと聞きました。逆に僕は、2日後の4月1日に栃木から沖縄へ飛びました。そして、各地の製作委員会メンバーとオンラインで議論した結果、この日、撮影中断が決定しました。

そこに追い打ちをかけるように、製作費枯渇の問題が明るみに出たのは、ほんの数日後のことでした」

この後も綱川は、『島守の塔』の進行でトラブルが起きるたびに自ら現場に出向いて行く。なんとか制作続行の道を模索する役目を担い、のちに新プロデューサーとなる川口浩史とともに、この映画制作に関してのキーパーソンとなる。

五十嵐がこの撮休を決意する経緯について話したことに関して、私が思い出したのは、3月30日の深夜の電話だった。そこで彼は私に、「オレは死ぬ気で映画を撮っているのに」と言っていた。それだけに五十嵐が『命どぅ宝』というテーマのために撮影中断を受け入れた」と口にしたとき、思わず私は、それは「建て前か」と尋ねていた。

すると彼は、きっぱりとこう言い返した。

「建て前じゃないですよ。それは、撮影の前から何度も沖縄に通い続けるなかで、僕にとって本当に大きなこと、大きな言葉になっていましたから。ですから、『命どぅ宝』がテーマなのに、それに反することはやっぱりやっちゃいけないというのが、僕の最終的な思い、決断でした」

五十嵐の私への会話の口調が、急に他人行儀に丁寧語ばかりになるときはものすごく真剣になっているというのも、長い付き合いのなかで知っていた。

映画『島守の塔』の制作準備を始めた当初から、この「命どぅ宝」は、けっして大袈裟ではなく、沖縄で映画を撮る五十嵐の精神的支柱となっていたのだ。


映画の中断というのは、まさに身を切られるような思いでした。まあ、がっかりしたのも本当。加えて、僕は監督として全体の進行にも責任がありますから、現実問題として、忙しい役者さんたちのスケジュールを再び押さえることはできるのかとか、セットの保管用の倉庫の月7万円の賃料などがどこまでかさんでいくのかといった瑣末なことまでが頭をよぎりました。

現地入りしてからずっと暑くて、それなのに帽子も被らずに撮影を続けたせいでの日射病というのが、スタッフの体調不良の真相と思われます。いずれにしろ、沖縄の天候状態の把握に関して甘かったんだろうということも、あとで反省しました。

ただ、まったくコロナ自体がわかっていない時期でした。だから、みんなも、もう「怖い」だけなんですよね。僕が、自分の思いだけで突っ張れるような状況ではなかった。正しい情報もないなかで、突然、誰もが知る志村さんが亡くなったから、パニック状態に陥ってしまったのかもしれない。

今回の役者さんのなかには、ご高齢の香川京子さんもいらっしゃいます。映画界の宝のような方です。香川さんは沖縄ロケでも最後のほうの撮影で、まだ沖縄入りしていませんでしたが、もし続行したなかで何か起きたら取り返しのつかないことになりますから。そこを考えても、ある程度、事態が収まった状況のなかでやるべきだと、僕も最後には思ったんです。

まさしく、苦渋の決断でした。

「沖縄は小の虫ではない」幻の台湾ロケ

すでに、この'20年3月末には、コロナ感染の第1波に突入していた。同時に、日本社会全体がさまざまな面で自粛ムードとなり、誰もが鬱々として日々を過ごすことになるが、五十嵐は、こんなことを考えたという。

「試されてる気がするんだよ。この与えられた時間にお前は何をするんだ、と」

彼らしい、と思った。五十嵐が、コロナごときに挫けるはずがないというのには、理由がある。学生時代から、北九州市出身の私に向かってよく冗談まじりにこんなことを言っていた。

「俺ら東北人は、おまえら九州人と違って、しつこくて、ねばっこいんだ」

たしかに、その粘り強さは筋金入りだった。大学4年の夏休み、8ミリで自主映画を撮っていた彼は、製作資金を作るために街なかでの喫茶店バイトでは稼ぎが間に合わず、長野県の八ヶ岳高原レタスの栽培農家へ日給5000円の住み込みバイトへ行っていたことがある。実は私も先に同じ経験をしており、ハードな肉体労働は就寝中に鼻血が滲み出るほどで、五十嵐も早々に音を上げて帰ってくるだろうと思っていたが、彼は真夏を含む半年もの間、重いレタスの積み下ろしをやり遂げ、見事に映画のための資金を調達してきた。

そして、このコロナ禍の自粛期間である。五十嵐が、自分にできることは何かと自問した末に取り組んだのが、脚本をもう一度、掘り下げることだった。

「脚本の練り直しなら、何度やっても、金もかからないしな」

そんな自虐的なセリフを吐きながらも、本気が伝わってきた。実際、彼はその作業のなかから、新しい場面を脚本に加えたという。

また、戦争が始まりましたね。今、ロシアのウクライナ侵攻の報道を見ていて、僕は、どうしても沖縄戦を思い出してしまうんです。マリウポリの製鉄所の地下で息を潜めているウクライナの人たちと、ガマ（自然洞窟）の中に逃げ込んだ沖縄の民衆とが重なって見えてしまうんです。

実は、『島守の塔』の制作が動き出した当初の脚本では、沖縄戦が深まっていくなか、食糧不足を補うために知事の島田さん自ら台湾の総督府に行き、米を調達してくるというシーンがありました。これは実際に起きたことで、当時は制空権もアメリカにあって飛行機も飛ばないので、船で向かうんですね。ただ、その脚本では、案外スムーズに交渉は進んでいくかたちになっていました。

でも、このコロナ禍で生じた時間を利用して、僕が日台協会（日本台湾交流協会）に行って当時の資料に当たりなおすと、やはり、島田さんの米をめぐる交渉は、実はそんなに簡単じゃなかったとわかるんです。台湾側も、すぐには３０００石の米を渡さなかったと。当然ですよね、台湾だって食糧が必要だったわけですから。

そのとき、僕が目にした資料などを参考にしながら脚本に書き加えたのが、売ってくれ、売れないというギリギリの交渉のなかで台湾側の役人が口にする、

「大の虫を生かすために小の虫を殺さざるをえない」

でした。

大の虫が台湾で、小の虫が沖縄ということになります。さらに、その資料には、

「台湾を生かすために沖縄は殺すしかない」

という言葉までありました。

そこで、島田さんは、ある人物と台湾で出会うんです。成田一郎という総督府の総務長官がいて、その人が偶然、兵庫県の知事をやっていた人なんです。島田さんも兵庫出身じゃないですか。そんな縁も手伝って、彼がひと肌脱いでくれるんです。それでも島田さんは言います。

「沖縄は小の虫なんかじゃない」

残念ながら、同じことが、今年2月に始まったロシアとウクライナの間の戦争で、また繰り返されています。ここでは、大の虫がロシアで、小の虫がウクライナです。

領土の大きさや、そのときの力関係だけで、大小なんて決められるわけがない。どの国も同じように、その土地では一人ひとりの人間が懸命に日々の生活を営んでいるわけですから。人の命に大小なんてないんです。

しかし、結果を言えば、完成した映画に、島田が「僕は台湾に行ってきます」と部下たちに告げるシーンはあるが、次の場面では、もう買い付けを終えて帰国したことになっているという、い

わば、あっさりとした展開となっている。主に予算の問題だというが、すべてはコロナが考えていた以上に長引いたからだ。

こうして、五十嵐渾身のシーンとなるはずだった台湾ロケは幻と終わった。


撮影再開を当初は数週間後くらいに想定していたら、とんでもなくて。どんどん長引いて、気付いたら、数カ月とか半年以上が過ぎていくなかで、映画作り自体をコンパクトにする必要が生じてきた結果、台湾ロケや新たなキャストを加える余裕がなくなってしまったんです。特に台湾は、原則入国禁止で、例外的に許可が出ても、出発便の搭乗日を含まない2日以内のPCR検査陰性証明書と、最長のときは14日間の隔離が必要などの厳しい入国制限がありました。

僕自身、10年ほど前には、かつて台湾で東洋一といわれた烏山頭ダムを作った八田與一（1886年〜1942年）の映画を作ろうと思って、何度も台湾へ行きました。そのなかで、台湾と沖縄ってこんなに近いんだという距離感も肌で知りました。また、終戦後、台湾にいた日本人を帰国させたのは沖縄出身の人たちなんです。自分たちより先に日本本土から来た人たちを帰国させるという、沖縄の人の心根の部分までこの映画では伝えたいという考えもありました。そうしたこともあって、この台湾での島田さんの奮闘や苦悩をきちんと描きたいと思っていただけに、米買い付けシーンの撮影はぜひともやりたかった。

経費的にも負担をかけないように、台湾ロケには、僕とカメラマンと役者の3人という最小限の人数で向かうというプランまで頭にありました。

しかし、最後は、やはり単純に予算の問題がいちばん大きくて、撮影再開の2カ月前に上がった脚本の最終稿からこの台湾のシーンはごそっと削られました。5シーンほどでしたが、本当に残念でした。しかし僕も、この映画をまずは完成させることを考えて、とことんプロデューサーたちとも話をし、納得しての台湾シーンのカットでした。

実は、これまで何度か、島田さんの東京・多磨霊園にあるお墓をひとりで参っています。手を合わせたとき、そこに遺骨はないわけじゃないですか。当時、遺体だけでなく遺品なども見つかっていないので。墓前に立ったとき、でも島田さんの魂はそこにいて、「簡単に私の映画はできないだろう」と、叱咤された気がしたことを思い出しました。

島田さんの奥さん方の親族にも、やはりこの自粛期間中にお会いしています。その人が言うんです。

「家族は、島田のことを表に出すことには反対しています」

なぜかというと、奥さんや娘さんたち家族を置いて沖縄に行ったからです。だから、奥さんも一度、島守の塔が落成したときの除幕式に出ただけで、生前は一切、自分の夫のことはマスコミには話さずに拒絶し続けていたんだと聞きました。もっと言えば、沖縄戦で亡くなった大勢の沖縄県民の人たちのことを思い、表には出るべきではないとお考えだったようです。

死ぬかもしれないのに、一気に戦いに向かっていく状況が怖い

沖縄県民はじめ多くの人々から知事として尊敬されていた島田だが、ひとりの夫、父としていちばん大事にしていたはずの家族は、島田に対して複雑な思いを抱いていたという切ない事実がある。五十嵐は、当初から、この映画では、

「戦争そのものではなく、戦争がもたらしたものを描きたい」

そう語っていたが、島田とその家族の関係に生じた、修復できない深い傷も、彼のいう「戦争がもたらしたもの」ではないだろうか。

映画では、こんな家族の会話の場面が描かれる。ある夕、兵庫の島田宅に電話がかかり、島田本人が出る。

妻　「どなたから？」
島田「本省から、内命だ……私に知事になれという」
長女「お父さん、知事になるの？」

すごい、と喜ぶ娘たちだったが、赴任先が沖縄と聞いて、妻の表情が凍りつく。

妻　「今すぐ断ってください。沖縄はまもなくアメリカ軍が上陸すると聞きます。戦場になるのでしょう。沖縄に行くのは死にに行くようなものです！」

島田「誰かが行かねばならん。俺は死にたくないから誰かが行って死んでくれとはよう言えん」
妻「わたしたち家族はどうなるんですか！」
島田「そんな無理を言って、俺を困らせるもんやない」

旧制神戸二中～旧制三高～東京帝国大学と学生時代には野球部で名選手として鳴らした島田の生きざまの根底には、その野球で培ったスポーツマンシップと友愛精神があると、五十嵐も言う。だからこそ、若い人たちが赤紙一つで召集されているのに、自分だけが個人的な都合で辞令を断るというフェアでない行為を己に許すことはできなかったのだ。
そんな個人の思いに頓着する暇などなく、すでに日本の国全体が戦争に突き進んでいた。

先日、映画『鬼滅の刃』（'20）を観ました。おもしろかったですが、一方で、ちょっと怖い感じもしたんです。主人公が、鬼と化した妹を人間に戻すためにその鬼たちと戦うというストーリー。怖いというのは、死ぬかもしれないとわかっているのに、仲間も一緒になってガーッと戦いに向かうというところです。戦わなきゃいいじゃないかと。負ける状況があるのに、なんで戦うのか。沖縄戦がそうですよね。撤退も勇気と言えるのに、なんで破れかぶれで特攻でいくのかと。そのアニメ映画のヒットの現象も含めて、みんなが一方向に進んでいく様子が改めて怖いと思ったんです。

今、ロシアとウクライナの戦いを見ていても、プーチン、ゼレンスキーという両国の大統領の行動や思想を、民衆は本当に心の底から信頼しているのだろうかと考えてしまうんです。果たして、そのうえで、大きな犠牲を受け入れているのかと。国のリーダーである政治家の起こした戦争に巻き込まれる多くの人たちがいるわけで、それを思うと、大の虫と小の虫の関係は、国家と民衆に置き換えることもできるのではないかと考えてしまいます。

沖縄戦も、あの首里で敗北を認めて、そこで止まっていれば、そこまで大勢が死なずに済んだ。南下したことで、何十万人もが亡くなるわけですね。

沖縄戦を肌で感じる

五十嵐が、島田や荒井のことを知り映画にしたいと思って、最初に沖縄を訪ねたのは'18年夏だった。いつも映画制作の初めには、主人公となる人物の墓参りをしたり、ゆかりある人に直筆の手紙を送り話を聞くことから始まると、以前聞いたことがある。いちばん最初に事前調査として、その人物の生まれ故郷などを訪問する際には、取材などと言わず普通の旅行者として行く。そのときには必ずひとりなのだという。

この『島守』のときも、まずは沖縄を体感しようと、現地へ行って、沖縄料理を食べて、さまざまな場所を歩きました。

最初の訪問時から、衝撃を受けました。決定的だったのは、ガマに初めて入ったときでした。那覇にも近い観光客も入れるガマでした。ヘルメットを被り、懐中電灯を持たされて中を進んでいく。みんな、興味半分に明かりを消すと本当の暗闇になって、ハッとしました。案内の人が説明するには、そんな暗闇の中で、当時は人々が半年も生活していたと。

　ちょっと奥には、ひめゆり部隊のように女学生たちの看護班がいた病院の場所があって、そこの天井に自然の穴が開いているところを、外光を利用した手術室として使っていたそうです。


「ガマ」とは、沖縄に多く点在する自然洞窟や鍾乳洞のこと。沖縄本島南部を中心に、約２０００ものガマが存在する。

　戦時中は、このガマが住民の防空壕になったり、軍や官の本部や、弾薬庫、また負傷兵のための病院となったりした。島田と荒井も、那覇〜首里〜摩文仁と多くのガマなどに立ち寄りながら移動を行い、ふたりが最後に目撃されたのも、摩文仁の軍医壕であった。

　ときには全長３００メートル近くもあり、内部を川が流れるほど巨大なこの自然の要塞は、多くの住民の命を救った。しかし、一方で、ここに集団で避難しているところへアメリカ軍から爆

弾を投じられて、一度に100人単位の命が失われるなど、目を覆うほど残酷な修羅の現場ともなっている。

五十嵐は、このロケハンの旅で、このガマなど沖縄戦の多くの戦跡を見学して、大きな衝撃を受けている。いわば、その衝撃の重さが、コロナによる長い中断期間を経ても、この『島守』の映画を諦めなかったモチベーションの一つとなっている。


そこから、自分でもガマについても調べたんです。そしたら、読谷村《よみたんそん》のアメリカ軍が上陸したところのシムクガマには、住民が1000人も入っていたそうなんですが、ひとりも亡くなってはいないんですよ。なぜかというと、そのなかにハワイにいたことのある沖縄出身の人がいて、「米兵は殺さないんだ」ということを伝えて、実際に米兵が来たときには通訳となり英語でやりとりして、みんなも降伏してガマを出たので、そこでは死人は出なかった。

逆に、そこから約1㎞くらいのところのチビチリガマでは、米軍との仲介ができる人がいなかったために80数人が自決したり、家族同士でナイフで殺し合ったりして、大勢が亡くなっているんです。そういう事実を知ると、多くの方が亡くなったガマの中での撮影はやるべきではないんじゃないかと思いました。その下調べの段階で、ガマの撮影はどこか別の場所にセットを組むことも考えていました。

やがて、'18年末には脚本の第1稿ができ上がる。ところが、

「これじゃ、協力できません」

下野新聞社、神戸新聞社とともに、初期の段階から製作に名を連ねていた琉球新報社と沖縄タイムス社の沖縄2紙が、そう言い始めたのだった。

沖縄の新聞2紙は、最初の取り決めで、「自分たちが協力するのであれば、脚本を見せてほしい」という条件がありました。これは、当然のことと思います。それで、完成して第1稿を見せると、今度は、協力できないとなった。

その理由は、明白ではありました。まず僕たち側の単純なミスだったのですが、艦砲射撃は'45年3月24日からなので、その前にはありえないと。シナリオでは、それ以前に艦砲射撃のシーンがあったんですね。またセリフで、史実とかけ離れた表現をしているなどという指摘もありました。沖縄の新聞社だけに沖縄戦を専門とする記者もいるようで、いくつかの的確な指摘を受けました。

納得できるところはもちろん変えるなどして、映画なので脚色・映画的にふくらませたいところは、とことん話し合って脚本化していきました。

たとえば、沖縄の現地で当時を知る人たちに取材すると、あのガマの中でもカチャーシーを踊っていたりしたというんです。沖縄民謡に合わせての踊りを、泡盛を飲みながら、です

ね。そういうのが人間じゃないですか。そこに、陽気な気質の島田さんがいて。そんな光景は、大事にしたいと映画にも盛り込んでいます。

そうしたやりとりを積み重ねていくうちに徐々に、新聞社はじめ沖縄で出会った人たちも盛り上がっていくのがわかりました。

地上戦は沖縄の文化も歴史も殺してしまう

最終的には、毎日新聞社も加わり、5つの新聞社による強力なバックアップ体制ができた。サポーター募集や資金集めにも、強い助っ人となっていく。

戦後75年やその後の沖縄復帰50年という節目もあるだろうが、昨今のきな臭い世相があるだけに、「命どぅ宝」をテーマに沖縄戦を取り上げた映画を世に出すことに、各社も大きな意義を感じているのだと思う。

こうして新聞社など応援団のネットワークができていき、脚本が練り上げられ、スタッフにも招集がかかるなど、徐々にクランクインが現実的になってくると、五十嵐がこの映画を通じて伝えたいと思っていた「戦争そのものではなく、戦争がもたらしたものを描く」という思いがより明確になってゆく。

今回のインタビューのなかで過去の五十嵐の発言を見直していてわかったが、この言葉を最初に吐いたのは、『SAWADA』の取材で出会ったジャーナリストのひとりだった。UPI記者のレオン・ダニエルが、沢田教一の写真を評して語った言葉だ。つまり、五十嵐は、映画監督としての最初期に接して以来、感銘を受けたその言葉を、自分自身が戦争を描く映画作りでテーマを掘り下げていくときの基本姿勢として、大切に持ち続けてきたのだった。

戦争がもたらしたものとは、『SAWADA』のときには、沢田さんの写真なんです。あの写真は、戦争ではなく、その戦争がもたらしたものを撮っている。僕が描かなくても、沢田さんの写真を、たとえば『安全への逃避』を見れば観客はわかるんです。なにが人間にとって最も大事かということ、そして戦争はその大事なものをいとも簡単に奪ってしまうということが。沢田さんは言葉は下手なんだけど、写真で伝えられるんですね。また、その写真は世界共通で、言葉が通じない人にも伝わるという強みもあります。

カンボジアで亡くなった戦場カメラマンの一ノ瀬泰造を描いた『地雷』の泰造のときは、人間が生きるということ、つまり、やりたいことがあったら、やらないで後悔するよりやったほうがいいよ、とそんなことを教わったり。

『ナンミン・ロード』でも、ボートピープルの人たちから、僕が改めて教わっているんですね。日本人の悪いクセで、何でも一括りにしがちですが、ボートピープルが国を脱出する方法一つをとっても、その家庭ごと、たとえば堀ノ内家と五十嵐家とでは違うわけですよ。

たいていが長男坊から出ていくんですが、過去には「目の前で自分の姉ちゃんが敵の兵士に殺されるのを見ていた」といった生々しい家族の話をたくさん聞いて、その事実の断片が集まっていく過程で、ようやく自分もボートピープルという人たちの真の姿を理解できたということもありました。

僕自身、常に戦争を撮ろうと思っているわけじゃないんです。ただ、沢田さんでも、泰造でも、その人を描くためには、まずその人の関わった戦争を知ることが大事だし、それが人間に何をもたらしたのかということを知らないと、撮れないと思うんです。

五十嵐は映画の取材や撮影を通じて、ベトナムやカンボジアの戦争を誰より詳細に知ろうとしてきた。その五十嵐が言うには「沖縄戦は特殊なんだ」と。特殊という、その真意とは。

島田さんとか、荒井さんの存在も、もちろんあるんですが、沖縄戦そのものが大きかった。現場に身を置き、いろいろ資料などを調べたり勉強するなかで、いろいろ知るわけです。

県人口の4人にひとりが死んでいるわけじゃないですか。この戦争での沖縄県民の死者は12万2278人、うち約9万4000人は一般市民だった。

たとえば、ロケハン以前の最初のひとり旅のときに、特に南部では、通りを曲がったところで何百人が死んでいると知っているから、観光タクシーに乗るとその角々に亡くなった人が立っている感じがしたんです。

そのうち、アジアのことも思い出すんだけど、やっぱり、沖縄戦は、ベトナム戦争ともカンボジアの戦争とも違うと感じている自分がいた。島田さん、荒井さんのことを調べるうちに、その思いは大きくなって、沖縄戦というのが、今まで知っていた戦争とは違う特殊性が出てくるんです。

その特殊性とは、本土の捨て石になったということですね。それも民衆を巻き込み、犠牲にした。共生共死。つまり、ここまで民と軍が一緒に戦って、一緒に死ぬということが地上戦であったのは沖縄だけでしょう。

ですから、戦争に行った出征兵士を待っている本土の人たちの気持ちと、沖縄で「鉄の暴風」と言われた激しい空襲や艦砲射撃の中に軍とともに死に向かっていった民衆というのは、まったく違うんじゃないかという気持ちが大きくなって。

つまり、今までは僕自身が沖縄のリゾートの部分とか光ばかりを見ていた。それが『島守』に出合って、沖縄の影を知るんです。そして、僕にとってこれまで光の印象があまりに強かったから、その影がまた余計に深かったんです。あの、最初にガマに入って体験したときの暗闇が。

それらは、島田さん、荒井さんを通じて知らされることだけど、その次には、思うわけ。かっこつけて言うと、なんで、この事実を、みんな知らないの。これ、わかんないとおかしいでしょ。沖縄、舐めてるんじゃないよ、簡単に沖縄のことを言うんじゃないよ、と。

ただし、激しい怒りを感じながらも、じゃあ、青森から来た僕はどうなのか。この沖縄戦とどう向き合い、『島守の塔』をどのような映画にしていくか。自分が問われているのだと、身の引き締まる思いでした。

珍しく、語気を強める五十嵐だった。その怒りの背景には、自分なりに沖縄について調べていくなかで、本土とは違う、この地ならではの奥深い歴史を知ったことが大きいと言う。

沖縄には15世紀に始まる琉球王国以来の、連綿と続いてきた歴史があります。その間には、17世紀初頭の薩摩の侵攻もあり、1879年の琉球処分で日本の沖縄県となるわけです。2021年の東京オリンピックでも、空手の形で喜友名諒選手が金メダルを取りましたが、そのときもニュースでは「沖縄初」となる。僕はそれを聞いたとき、その快挙の背景にある、琉球王国に始まるともいわれる空手の長い歴史を思いました。

しかし、同じ日本と言いながら、本土では沖縄の歴史というものがあまりになおざりにされ、すごく軽んじられている気がして、しょうがないんです。なぜなんだ、と。

島田さんが赴任してくる前まで伝統の組踊も禁止され、言葉も標準語になおされて、沖縄言葉のウチナーグチを使うとスパイとみなされるという現実がありました。その果てに、沖縄の人たちの平和主義につけ込むようにして、戦争で簡単に日本の捨て石にしてしまうわけです。
僕自身、そうした歴史や現実に改めてふれて、映画に、沖縄伝統の踊りのシーンを加えようと決めました。そこには、沖縄と、沖縄の戦争を語るときには琉球王国の歴史から知るべきであるという思いが込められています。
僕がそのことを特別に深く思うのは、若いころ、ベトナムに8年通って、その国の歴史や伝統にふれたり、女性を好きになったりしてきた経験が大きく影響しているんだと思います。

映画の終盤、県庁警察部壕へ、一組の男女が島田を訪ねてくる。以前、禁じられていたウチナーグチや酒を、島田により許されたことを恩義に感じていたふたりだった。突然、男がカンカラ三線《さんしん》(空き缶と棒で作った手作りの三線)を弾き始め、女が琉球舞踊の日傘踊りを踊りだす。その姿に涙をためる島田。

その女性にとっては、島田の前で踊るのは、「本土から私たちのために来てくれてありがとうございます」というお礼の気持ちなんですね。それを言葉ではなく、伝統の踊りで示す。本土にも負けない何百年、何千年という沖縄の伝統や文化があります。この踊り手たちが戦争で死ぬということは、その人が受け継いできた沖縄の歴史や伝統文化も、そこで断たれてしまうことなんです。あの、日本の朝鮮統治時代の創氏改名を思い出させます。

おまえたちはそれまで奪うのか、殺してしまうのかということを、僕は映画の中に刻印できないかと思いました。それは、僕自身のこの映画の裏テーマでもあります。

もっと残酷だし、しっかり見つめなければいけないと思うのは、その沖縄から奪う行為は、今なお続いています。

いまだ在日米軍基地の74パーセントを押しつけられている沖縄という現実があったり、ここ数年の辺野古の問題で、なんで、あんなことができるのかなという単純な怒りもありますね。

2022年の沖縄の本土復帰50周年でも、報道を見ていると、県民の多くが「何も変わっていない」と言う。僕自身も、沖縄に何度も足を運んで、「戦争はまだ終わってない」と思うんです。

復帰50年より、むしろ沖縄では、沖縄戦などでの戦没者を追悼する6月23日の慰霊の日を、みなさん、大事にしているのではないかというのが実感としてあります。僕が思ったのは、ヤマトンチュ（本土の人）が祝う復帰50年とウチナーンチュ（沖縄の人）の思う50年は違うのじゃないかと。今年も本土のマスコミでは盛んに報じられましたが、沖縄では、この映画で知り合った沖縄の地元新聞の関係者や住民の人たちに聞いても、それほどの高揚感はないと言います。どこか本土から押しつけられた感じ、作られた感じがあるのではないでしょうか。

島田、荒井を偉人として描かない

撮影に入る前の取材の段階で、五十嵐は、沖縄の人たちからこんな意外な言葉をかけられていた。

「島田さん、荒井さんを偉人として描かないでくれ」

そう口にする人の多さに、戸惑いもしたという。

当初は、約7万人もの沖縄県民を疎開させて助けた、日本のシンドラーとまでは言いませんが、官選最後の知事と職務に忠実な警察部長というイメージで始まっていたのも、そのとおりなんです。でも、

「簡単に偉人にしないで、映画にするんだったら、本当の人間としての姿を描いてくれ」

と、出会った人が口を揃えて言う。なぜかと問えば、

「島田さんは、鉄血勤皇隊のときに印鑑を押したり、軍に学徒の名簿を提出している。本当に14歳くらいの子供のことを思えば、印鑑なんて押せないはずでしょ」

そんな言葉が返ってきました。

実際、調べると、島田さんは、鉄血勤皇隊を出すための覚書に印鑑を押しているんです。

鉄血勤皇隊は、沖縄戦の末期に動員された、日本軍の歴史でも初めての14歳以上の学生による少年兵部隊である。沖縄戦では、召集された鉄血勤皇隊１７８０人のうち、約半数が戦死している。

島田さんは、旧知の牛島満中将（沖縄に配置された第32軍司令官）から、「成人男子がいなくなってきたら、学生たちを戦場に送り出すしかない」と言われる。

よって牛島第32軍司令官、沖縄連隊区司令官、島田沖縄県知事の三者による覚書で、鉄血勤皇隊の学徒動員が開始されます。島田さんは、生徒たちへの訓示で、「鉄血勤皇隊は戦闘部隊ではない」「学生は学生としての本分を尽くすのが第一である」と述べています。しかし、戦闘が激しくなるにつれて、後方任務だけではなく兵士たちと変わらない、あらゆる任務に就かされることになったわけです。

元沖縄県知事の故・大田昌秀さんも鉄血勤皇隊の生き残りで、千早隊といって、情報宣伝のための新聞をガマに配ったりしていたそうです。敵をこれだけ殺したとか、日本は勝ち続けているという大本営の嘘を書いた新聞ですね。先日も、ロシアのプーチン大統領が18歳から27歳の男性を新たに徴兵したときに、国防相が「彼らは（戦場の）ホットスポットに送られない」と述べています。

ウクライナも、原則として18歳から60歳までの男性の出国を認めておらず、兵士として戦うことを強いることを可能にするような法令があります。それらの報道に接したとき、僕は沖縄戦での鉄血勤皇隊を思い出さずにはいられませんでした。

当初は、少年たちは前線には出ずに後方に控えていればいいと言っていた島田だったが、徐々に戦闘も激しくなってくると、現実には彼らを戦場に送り出さざるをえなくなる。五十嵐は、映画監督として、そういう現実や葛藤をこそ描きたいと思ったという。

その体験があったから、米軍が上陸してきて、まわりで一般人がどんどん死んでいくのを目の当たりにしていくなかで、牛島や軍の話をいわば従順に聞いていた島田さんも、少しずつ住民の気持ちに寄り添うように変わっていくんです。

そこへ軍の司令部があった首里が陥落して、牛島がさらに南へ逃げようとする。だけど、本当は南でも東側の知念半島のほうに人々を誘導すれば生き残れたかもしれないのに、それを言わないで、兵隊と一緒に危険なほうへ南下させるんです。共生共死で、軍と民衆は一緒に戦い一緒に死ぬという思想ですね。民衆にしたら、逆に軍が一緒だから、自分を守ってくるはずと信じていたでしょう。

その途中で、アメリカの第10軍司令官サイモン・B・バックナー中将が日本の迫撃弾で命を落とすんです。怒り狂ったアメリカは報復として、南へ行こうとする人たちを、馬乗り攻撃といって、火炎放射器で焼いたり、ガソリンをガマに投じて軒並み殺していくわけです。

一方で、そんな状況下に、多くの沖縄の人たちは「捕虜になるくらいなら死ぬべきだ」となっていく。これは、東条英機首相が陸軍大臣時代に発表した『戦陣訓』のなかの有名な訓諭「生きて虜囚の辱めを受けず」によるものですね。映画のなかで、島田さんの世話係だった凛も口にします。それらの背景には、戦前の日本が沖縄や占領下の朝鮮、台湾などに行った日本文化への強制的な同化教育である皇民化教育の強い影響もあります。

そうしたガチガチの皇民化教育や戦陣訓のせいで凛や住民たちが「死ぬ」と言っているところへ、島田さんの、

「生きろ!」

となる。

そうした鉄血勤皇隊を送り出したことから始まる流れがあっての、この言葉なんです。島田さんの変化を抜きにして「生きろ!」と叫んでも、いわば軽く聞こえちゃうんですね。

だから僕は、『島守の塔』では、そこを描きたい。戦争を描くのではなく、戦争がもたらしたものを描きたい。ここでの「もたらしたもの」とは、人間は、あの地獄のような戦場でも変わっていけるということ。

そこで、やっぱり、島田さんには野球のフェアプレー精神を感じます。「明朗にやろう」と公言し、ときには童謡の『てるてる坊主』を大声で歌いながら、そのフェアプレー精神で筋

を通す島田さんと、愚直に警察官僚としての職務を遂行する荒井さん。

荒井さんは荒井さんで、中心になって疎開を押し進めましたが、'44年8月22日に疎開船の対馬丸が米軍に撃沈させられ、疎開学童784人という犠牲者を出しています。島田さん同様に十字架を背負いながらも、その後も県民を救うという使命を全うして疎開を実行し続けた彼の姿は、尊敬に値すると思うんです。

島田さん、荒井さんの、そのふたりが一緒になって一つの日本人の有り様が見えれば、この映画の意味もあるのかなと思いました。

そもそも、「島田さんたちを偉人にしないで」といった沖縄の人たちから投げられた言葉は、僕自身にも返ってくる大きな問題でした。

沖縄戦を、本土の人間が映画に撮るという大変さ、難しさを、そうした住民らの言葉によって、改めて突き付けられている気がしたと語る五十嵐だった。

そもそも、なぜ、今まで、この島守の人たちの劇映画ができなかったのかということにもつながるんです。

僕自身、取材を通して実感もするわけです。沖縄の戦争はまだ終わっていないと。基地の問題もありますし、ガマではまだ骨を探している人もいます。また、ウタキ（御嶽──神を祀る聖所）も多い地に、本土からのこのこ出てきて映画を撮るというのは、沖縄の人にとっては「なんなんだ」という思いもよくわかるんです。僕が、間違いなく、『島守の塔』の映画化が動き出す前にいちばん悩んだことでした。

このことは、もうしばらく、僕自身の宿題として考え続けることになります。

その後、『島守の塔』はクランクインしますが、思いがけず、わずか4日ほどで撮影が止まった経緯は、これまで話したとおりです。映画の中断が決まったとき、僕もスタッフや役者たちに事情を伝えましたが、そのうちの何人かには直接電話したり、手紙を送りました。

ヒロインの凜役の吉岡里帆さんには、彼女が滞在していた沖縄のホテルに電話をしました。あの混乱のなかでしたが本人と話ができて、僕は、

「必ず撮影を再開します。約束します」

と、伝えました。すると、彼女は、

「待ってます」

と返した。その言葉にホッとしたし、けっして裏切ってはいけないと改めて思うんです。

その撮影休止期間の直後から始まった、この本のインタビュー。私は、五十嵐が1作ごとにいつも命懸けで、ジタバタしながら全力で映画に向き合ってきたのを、ずっと目撃してきた。聞きたいことは、まさに山ほどあったが、まずは青森の少年時代の映画との出合いからインタビュー

を始めることにした。

証言

川口浩史① ――『島守の塔』プロデューサー

台湾ロケがなくなった本当の理由

1970年、東京都出身。日本映画学校を出て、篠田正浩監督らの助監督を務める。初監督映画『トロッコ』('09)では日本映画批評家大賞新人監督賞などを受賞。五十嵐映画では、『みすゞ』『HAZAN』『アダン』で助監督を務めた。五十嵐は、ひと回り年下の川口を「戦友」と呼ぶ。

台湾での映画撮影となると、スケジュールも予算もクォリティをどう高めるかということも、スタッフのなかで僕がいちばん得意な人間なんです。

というのは、僕自身、自分の映画『トロッコ』で台湾での撮影を敢行していますし、今も向こうのスタッフとのつながりが続いています。あの『悲情城市』('89)の侯孝賢《ホウシャオシェン》監督のチームです。

五十嵐さんに台湾ロケのプランを聞かされたとき、僕は、各方面からいろんな情報を集めて、

「700万円くらい、かかります」

そう答えたと思います。

加えて、コロナを挟んで、資金面だけでなく日程的にもギリギリの状態でやっているなかで、五十嵐さんの構想している新たな台湾ロケをすると、2週間以上が必要になるんです。僕も、最初は、国

内での再撮影の日程のなかになんとか組み込めないかと調整もしました。しかし、台湾に検疫も含めて14日間滞在して、その間に撮影場所なども決めて撮影、さらに帰ってきて編集もしなきゃならない。しかも、台湾は当時、コロナの感染者を徹底した管理対策で抑えていた。そこへ、外国のロケ隊が行って、どこまで自由な撮影ができるのだろうかということも考えると、もうまったく実現の可能性はゼロに近かった。それで僕は、

「台湾でのロケは無理です。その代わり、東京で台湾に見立てられる場所を見つけて、そこで台湾のシーンを撮りましょう」

しかし、五十嵐さんにとっては、東京で撮るのは違うということだったのでしょう。この提案は聞き入れられず、立ち消えとなりました。

最後は、監督も、納得して受け入れてくれました。これから台湾ロケをやることに700万円をかける価値があるのか、やるとして誰がその資金を負担するのかなど徹底的に話し合って、「これ以上は進められないだろう」と判断を下したのは、監督本人です。僕の台湾での経験と、示した追加費用700万円の根拠を信用してくれたんだと思います。

途中では、「自分と島田役の役者とカメラマンと3人だけで行く」という、五十嵐さんの発言もありました。そこが、五十嵐さんのドキュメンタリーっぽいところで、彼らしい熱さでもあるんですが、あえて厳しいことを言えば、あの状況でそれをみんなの前で言うと、他のスタッフはショックなんですね。「お前ら、俳優を連れていくということは、メイクや衣装も必要になるわけですから。やっぱり、そこは、「お前ら、一緒に行くぞ」と言わなきゃならない。だって、五十嵐組の親方なんですから。

僕は、それを五十嵐さんにはっきり言います。そう言える信頼関係はできているので、今回の『島守の塔』でも、彼は、僕に新しいプロデューサーになってほしいと言ってきたんだと思います。

第 2 章

「生い立ち」

混沌を愛する少年だった

小学校3年生くらいのとき、母と妹と。人前で話すときには、突然泣き出すというクセがあった。

北からやってきた男

北の顔。

五十嵐が、『ノースフェイス（THE NORTH FACE）』と正面にプリントされたキャップを被り始めたのは、たしか大学に入った直後で、ヒゲ面にノースフェイスは、いつか彼のトレードマークとなっていた。とてもブランドに興味があるようには見えなかったが、尋ねると、案の定、

「ノースフェイスって、直訳すると〝北の顔〟だから、オレにピッタリだろう」

本気とも嘘ともつかぬ返事だったが、どこか東北代表を標榜していくといった宣言にも聞こえた。40年以上が過ぎた今なお、彼がこのノースフェイスを身につけているのを目にすることがよくある。

五十嵐とのこれまでの会話を思い出すと、彼の発言のなかに「青森」「津軽」「東北」といった単語が登場することが多いのに気付く。単なる出身地を超えた思いが、そこにはある。

プロフィールは、たいてい「１９５８年9月16日、青森県生まれ」となっているけど、細かく言うと、青森市内の県立病院で生まれて、その後、教師だった親父の仕事の関係で県の南西部の藤崎町（南津軽郡）へ移ります。

物心ついたころはまだ青森市にいて、ちょうど堤川という川のそばだったので、ねぶたを

川に流したりする光景もぼんやり覚えている。町なかで、映画館なんかも近くにあって。それが、寺山修司さんがお母さんと暮らしていたという映画館、歌舞伎座だったり。

もともと、うちのお袋が青森市の出身で、近所では妹が洋裁店をやっていた。戦後の一時期、そこにうちの両親が一緒にいたことがあったんです。そこで、僕も生まれました。

おばさんの旦那さんという人が、うちの親父と同じ学校の先生で、すごい酒飲みで、おばさんは帰宅の遅い夫の帰りを待ちくたびれて、よく幼い僕をおぶって映画館に連れていってくれました。昭和30年代なんていうと、ほら、映画の全盛期じゃない。

寺山の歌舞伎座というのは、青森県弘前市生まれの劇作家・歌人の寺山修司（1935年〜1983年）が中学生時代に居候していた親類の経営する映画館だ。

ヤクザ映画を、おぶわれて観たのが最初の映画体験。銀幕が白くハレーションというかキラキラ輝いていたのを覚えている。

その後、3歳のころ、移り住んだ藤崎町は親父の出身地でもあるんです。住み始めたのが、少し郊外にある通称、緑町住宅。いわゆる教員住宅とはいっても町営で、住んでいたのは教員の家族だけじゃなかったと思います。

りんご畑の真ん中にあって、近くの藤崎高校にはりんごの試験場もあったり。クラスの多くの友達が、りんご農家のせがれや娘でした。

背のそれほど高くない木の枝葉がびっしりと空を覆い、昼間でもほの暗いりんご畑。それが、僕の故郷青森の原風景。小学校への通学も、両側のりんご畑を見ながらだった。あの景色は、好きとか嫌いじゃなくて、自分のなかにあるもの。

遊ぶのもりんご畑。で、腹が減ったら、そこらのりんごをもいで食べる。農薬がすごいって大人に聞いてたから、洋服の袖でよくぬぐって。

りんごの木って、それだけで怖くてね。まっすぐじゃないんです、枝もグニャグニャしてたりで。夕方なんかに、その中に大人がひとり立っていたりすると、怖かった。手をちょっと伸ばすと届く高さ。そんなりんごの木がずっと連なっていて、その奥には岩木山があって。どこか、みんな同じ景色というのが、また怖くて。

りんご畑という原風景については、大学のころからしばしば聞かされていた。他にも畑の片隅にある古びた日本家屋の座敷牢に入れられた精神を病んだ少女、木の陰につないだ山羊を獣姦する青年、幼少のころに目撃したというりんごの枝で首をくくった人のゆらゆらと揺れる二本足の光景など、どのエピソードも暗いトーンで貫かれていた。一般人が安易に思い描く寺山ワールドのような東北像を、彼なりに演出して語っているのかなとも感じていた。

小学校時代は、なぜか泣き出す、変わった子だったという。

教室で、人前で話すときには、必ず泣くんですよ。普通の会話はできるのに、音楽の時間でひとりずつ歌わされるときなんか、ヒックヒックと引きつって泣きだす。なんでかは、自分でもわからない。不思議なのは、国語の教科書だけは泣かずにすらすら読めました。そのうち、イガラシで出席番号はたいてい1番か2番だから、担任の先生も音楽の時間には、僕をすっ飛ばして3番にいってしまう。それは、やっぱりイヤだった。ただ、先生たちも僕をそういうキャラクターとわかっていて、叱るのではなく、見守ってくれた。

少年誌に当時、赤面を治す方法を教えます、なんて出てたでしょう。高学年になると、あそこに連絡しようと思ったこともあったな。

感受性は、間違いなく、まわりの子たちより強かったということだろう。そう尋ねたら――。

うん、人を見てなにかする、イヤな子だったかもしれない（笑）。たぶん、そうやって人と関わっていくなかで思ったこととかが、今の映画の中で反映されて、キャラクター作りで生かされていると思うことがけっこうあって。あんときのアイツとか、コイツとか。

地元の公立校の藤崎小学校を卒業して、同じく公立の藤崎中学へ入るころには、人前で泣くということも自然になくなっていたという。

中学では、柔道部。小学生のころ、泣く癖があったので、自分でも強くなんなきゃと思って。もともとグループでやる競技は好きでなかった。1対1が好きだった。柔道に空手に、その後のボクシングも。自分の責任において負けるのは仕方ないけど、なんで人のせいで負けにならなきゃいけないんだという。

まあ、みんなでやるのはダメなんです。今の映画作りもグループでやるかたちですが、基本的には監督はひとりですから……。

中学に入って、りんご農家の友達の家に遊びにいくでしょう。すると驚くのは、生活が見えること。父親はりんごの袋かけをやったり、釘打ちをやったりして、友達もそれを手伝って小遣いを稼いでいたり。だから、中学を出て跡を継ぐというヤツも多かったです。

もう一つ、中学くらいになって思ったのは、いろんなヤツがいておもしろいということ。そう思うと、公立の小学校、中学校もだし、そもそも僕の暮らしていた緑町住宅も、うちのように先生やサラリーマンや役場の窓口係などもいて、つまりは、いろんな人がいっしょくたに暮らしているという雑多な環境がおもしろかった。

そのなかで縦の関係も横の関係もあって、子供同士も自分と境遇の違う子をいじめるのじゃなくて、守ったり、守られたりしているという。僕も小学低学年のころは〝泣き虫ショウ〟

でも、いつも住宅のみんなから守られているのを感じていられましたから。

実は、中学に入るとき、国立の弘前大学附属中学校を受けましたが、落ちたんです。最初は落ち込みましたが、すぐに公立校のいろんなヤツがいるおもしろさがわかった。頭のいいヤツ、走るのが速いヤツ、勉強はできなくても走るのだけが異常に速いヤツって、愉快じゃないですか。


父親は、1925年生まれの源さん。母親は、1927年生まれの律子さん。2つ年下の妹がいる。父親は教師だったが、五十嵐自身は、父と同じ職業に就きたいとは一度も思わなかったという。彼らしい理由がある。


親父は、中学校の国語と英語の先生でした。

子供にとって、父親像というのがあるじゃないですか。僕にとっては、柱と『文藝春秋』。うちの居間の、太い柱を背に文藝春秋を読んでいる姿。仏像のように動かない。月刊の分厚い雑誌を、一枚も飛ばさずにページをめくりながら、読んでいる。

当時から、先生になりたくないというのはありましたね。それは、父親が実際に教室で働いている姿を自分の目で見る機会がなかったからです。

友達の家のりんご畑では、お父さんが懸命に汗流しながら働いていた。また岩木山の麓の館川では、戦時中にシベリア抑留を体験したというおじさん、つまり父の兄が50頭あまりの牛を飼って牧場をやっていて、遊びに行くと僕と同世代の従兄弟も午前2時から牛にエサをやっていたり。あれが、生活というものだと。一方、うちの親父は、朝7時に家を出ると、夕方5時には帰宅してきて本や夕刊を読みながら晩酌している。昼間、働いている姿というのが、子供にはすっぽり抜け落ちていて、ただ自宅でのおもしろみのない生活だけが見えている。

水野晴郎からの手紙

私は大学時代、5月の連休のころに、五十嵐から「北の桜を見に来ないか」と弘前城の桜祭りに誘われ、彼の藤崎の実家に遊びに行ったことがある。

母親の作ってくれたカレーを、「東京のとは違う」と駄々っ子のように文句を言いながらも、実にうまそうに頬張ってはお代わりしていた五十嵐の姿と、便所の柱に父親が書き写した『努力は裏切らない』といった格言のような短冊が貼られていたのを覚えている。

'08年夏のこと、突然、五十嵐の父親の源さんから1冊の本が送られてきた。教師を定年後、自身の半生を顧みて、今でいう自費出版したのだという。こちらも、学生時代に同人誌を作っており、そこには五十嵐のシナリオも掲載されていたりして贈呈していたので、その返礼と思った。

その本『ガギ大将の青春』（津軽書房刊）を読んで、驚いた。便所の格言のような、説教臭い話は一切なし。ただただ旧制弘前中学校時代のバンカラな思い出だけで、200ページ超の大作は終始していた。

その痛快な本を読了して、五十嵐の持つ暗さと明るさのバランスは、きっとこの父親譲りなのだと思った。だから、五十嵐には学校の先生になる選択もあったと思う。しかし、彼は、その後も何度かその道に行きかけながら、選ばなかった。

最近、彼がよく口にする、今後挑みたい映画のテーマの一つに「教育」がある。年も60歳を超え、やり残したことを、そろそろ形にしたいと考えているのだと思う。


生活の見える大人たちに対して、尊敬とまではいかないですが、こうやって生きていくもんなんだ、というのは感じていました。だから、将来は先生やサラリーマンじゃなかった。自分で動いて、金を稼いでいる人になりたかった。

まだ映画監督という職業は意識してなかったけれど、中学のころから、映画館にも通うようになっていました。まあ、趣味で、普通の10代と同じ感じです。

最初の映像の世界との関わりは、まだ8歳のときでした。誕生日に、うちの親父が映写機を買ってくれて、夢中になりました。立派な外国製で、クランク（手回しハンドル）を回すと中でフィルムが動いて、キャラクターがボールを投げたりするんです。

その後も、もともと親父が映画好きで、休日の昼間などに数百枚単位で持っていた映画のサントラ盤をけっこう大きな音で流してたから、僕も自然に『鉄道員』（'56）とか『ブーベの恋人』('60)とかのテーマソングを耳にしていて。あと、当時のサントラってセリフ入りだったりしたから、余計に子供には目新しかったのかな。それがすごく印象に残っていて、中学になると映画に興味を持って映画館にも行くようになっていました。

当時、映画雑誌が『スクリーン』と『ロードショー』があったんだけど、僕はマニアックなスクリーン派で、その連載に「水野晴郎の部屋」があった。水野さんは当時映画評論家として有名で、のちには自分で監督もしますね。その水野さんがいろんな海外スターと対談するコーナーで、おもしろかったから、水野さんに手紙を書いたんですよ。

「僕は映画監督になりたいんです」

すると、半年ほどしたとき、青森まで返事が来るんです。それもロンドンからで、もちろん初めての国際郵便。藤崎の郵便局員の人が、今も覚えてるけど、「おめぇ、海外さ、親戚いるんだが?」と(笑)。ロンドンブリッジの絵はがきで今もあります、宝物ですね。文面は、「お手紙拝見。映画監督になる道は、今の勉強を一生懸命やって、たっぷり映画を観ることに尽きます」

これは、本州最北端の田舎の中学生の坊主の僕にしては、けっこう衝撃的な出来事で。だから、8歳の映写機、親父のサントラ、水野さんの絵はがきの3つが、僕の気持ちをどんどん映画のほうへ押しやったんですね。

あのころの中高校生は、けっこう映画雑誌も見ていて、たしかにロードショー派とスクリーン派に分かれていた。教室で、芸能誌の『平凡』『明星』を回し読みする女子を横目に見ながら、気取って海外スターのグラビアで構成された映画雑誌をめくるヤツもいた。アラン・ドロンだったか、肉声入りのソノシートが欲しくて、何枚もはがきを映画雑誌編集部へ送ったものだ。

最初に観た映画は『オリバー!』('68)。青森市のみゆき座で、隣にはミラノ座という映画館も並んでいた。青森の映画館は地元の弘前よりはすごく立派で、ああ、これがホンモノの映画館なんだ、そんなことから感激したのを覚えてます。一方、弘前の映画館へは、家から自転車を飛ばして観に行きました。

その後も、男同士で(笑)、『ロミオとジュリエット』('68)に『フレンズ』('71)を観に行ったらすごい混んでて、完全に立ち見で、人の頭の間から観てた。でも、おもしろかった。

映画って、見上げるんですよね。だから、映画。見下ろすのは、僕にとっては映画じゃない。

僕の部屋には、やっぱりチャールズ・ブロンソン、アラン・ドロンと三船敏郎の『レッドサン』('71)のポスター。カッコつけてね、ポスターの下にはコーラの瓶を並べたり。

映画雑誌『スクリーン』の水野晴郎連載が楽しみで、
手紙を書いたらロンドンから返事が。映画へのめり込む後押しに

見下ろすのは、家庭の居間でテレビ画面を通してのことを言うのだろう。つまり、後年のビデオ鑑賞も、ということになる。

「映画は、映画館で暗闇に身を置きながら観るもの。それは、人が母胎の羊水に戻る体験にも似ている」

学生時代から、よく五十嵐はそう口にしていた。

中学卒業後は、父親の母校でもある青森県立弘前高等学校へ。通称・弘高は進学校として知られ、卒業生には石坂洋次郎、長部日出雄、鎌田慧、奈良美智、三浦雄一郎など各界の著名人を輩出している。

高校に入るころには、なんとなく将来は映画に関わりたいとは思っていました。

だから、映画は観続けていたといっても、当時の田舎でのことなので情報もなくて、なにかこだわって観ていたというより、雑誌の『スクリーン』を読んで話題になっている作品が来たら行くとか、その程度。

ただ、うちの高校は、入ってみたら偏屈なヤツも多くて、映画だけじゃなくて、突然、「イガラシ、スライ・アンド・ザ・ファミリーストーンを知ってるか」で、ソウルの洗礼を受けたり。僕は最初はまったくわからなかったけど、そのうちラジオの深夜放送を聴くようになって、ハマったのがシカゴの『長い夜』だった。

教師も、東京外語大出身とか、まあ、東京モンというか、都会的な人も多くて、自然にこれまではなかった文化にふれたなあ。

高校では、部活動はやっていません。なんとなく、進学を考えていた。ただ、みんなも同じだったようで、だから、つまらないというのも、そのとおりで。

ですから、思い出も、いろんなキャラのヤツがいた中学時代のほうが残っているんです。高校は、ある程度、学力や生活スタイルも絞られていたし。僕も、もう2年生から私立文系のクラスでした。大学生活は東京で、と決めていました。やっぱり映画の勉強をするには東京へ、という意識がありましたから。

高校を卒業後、映画への道の途上としての、故郷を離れての大学生活。憧れの都会へ運んでくれるのは、夜行列車だった。

ふり返れば、青森という土地が、五十嵐にとって生まれ故郷であるとともに、混沌に身を置くことの楽しさ、有意義さを教えてくれた最初の場所、まさに魂の揺りかごだったのがわかるだろう。

夜行寝台特急『日本海』か急行『津軽』。日本海は、その名のとおり、日本海周りの大阪行きです。現役の大学受験では、早稲田と同志社を受けました。東京ではなく関西の同志社も受けたというのは、ここの美学芸術学科に映画学の講義があったんです。

同志社受験では雪のため列車が遅れるのを心配して、京都に1週間前に着き、何もやることがなく毎日映画三昧。結果、テスト中は観た映画のことばかり浮かんで不合格。現役の受験は失敗して、早稲田予備校に入るんです。親父からの仕送りを受けながらです。その代わり、親父との間には、大学では教員免許を取るんだとの約束がありました。

新宿・落合の松下下宿という名の寮もどきで、初めてのひとり部屋暮らし。賄い付きで下宿代4万1000円、3畳の部屋が薄いベニヤ板1枚で仕切られて、トイレ共同、銭湯。みんな地方からで、僕が青森、あとは北海道、福島、新潟、群馬と。夕方になると、長テーブルでごはんをかきこむ。楽しかった思い出しかない。早稲田大学も近かったから、正月には、大隈重信の銅像を拝みに行ったり。

「早稲田に入れますように」

と頭を下げて(笑)。

映画は、よく観てましたね。あちこちで、オールナイトもやってたでしょ。池袋の文芸坐、三鷹オスカー、あとは浅草の映画館街も。ベルイマンのオールナイト5本立てなんて、疲れちゃったり。

寮生活は、いろんな生活環境で育った人がいて、浪人生という状況は同じでも、それぞれの背景や望むことはまちまちで、そんな男たち10人ほどが一つの下宿にたまたま居合わせる。幼いころの緑町住宅、公立の小中学校、そして予備校の下宿アパート。あの時代、場所も、ある意味、混沌なんですよね。そういう混沌のなかから、意外に新しいものが生まれたりする。完璧にでき上がったものより、未完成なものに魅力ってあるじゃないですか。

松下下宿でも、まだなんにも決まってないみんなが、これからやりたいことはあって、夢語ったりするじゃない。それぞれ違う大学を目指してたりして、それぞれ違う頑張り方をしてて、その混沌のなかにひとりでいると、ワクワクしてくるというか、自分はまだこれでいいんだ、と思える。

人間、頂点にいるときより、その途上の、上がるとき、下がるときがおもしろい。僕も、自分の映画で実在の人物を取り上げますが、シナリオを書いていてもそれを痛感します。

そもそも、映画作りも混沌から始まる。何もないところへ、いろんな立場の人が集まって、みんなで一つのものを作っていくわけですから。

松下下宿での1年間の浪人生活を経験したあと、五十嵐は、1978年、立教大学文学部日本文学科に入る。ここで、筆者は、やたら「青森出身」を口にする同級生の五十嵐と出会った。

最初のクラスコンパ、池袋の、当時はあちこちにあった、こじゃれた雰囲気で安い酒の飲める学生相手のパブ。つい数週間前まで高校生に毛の生えた予備校生だった男女のこと、なかには初めての飲酒の者もいて、しこたま酔い、そろそろお開きというタイミングだった。突然、ひとりの男がガタンと席から立ち上がる。五十嵐だった。

「おれ、早稲田に行きたかったんだよなぁ〜」

悔しさが滲んだひと言だった。続いて、周囲から「そんなこと言わないの」「これからじゃないか」といった励ましやなだめるような言葉が返ってくるものと思っていた。すると、あちこちから、

「オレも行きたかった、ワセダ」

「わたしもよ」

「おんなじさぁ」

多くの者が、うなずきながら、そう口にした。地方出身で、第一志望の学校に落ちて、そんなコンプレックスを抱えている自分を改めて突き付けられる一夜だった。浪人も1年で決めなければ、翌年からは共通一次という得体の知れない受験システムが始まるとも聞かされていた。


大隈さんの銅像にお願いに行ったけど、早稲田には門前払いを食らっちゃったわけだ。早稲田は映画うんぬんじゃないんだよ。ただ、映画関係者は多かったよね。早稲田もそうだし、東大、京大って、僕らの前の世代は、錚々たる学歴の人たちが映画に携わっていたわけだから。だけど、当時はすでに撮影所のシステムも崩壊しかけていて、その撮影所自体もなくなってきたりしていたので、まず映画産業への入り方がわからなかったんです。日活だけは、新

人の助監督を募集していたのかな。だから、まずは東京に行って、大学に通いながら映画の道を探ろうと思っていたし、その後、「シナリオ・センター」などに通ったりもするわけです。

僕が入学したころ、立教には映画関係のサークルはけっこうありました。きちんと実績を積んでいるサークルもあったし、その他、自主映画を作っている個人も多くて、大学内の映画を取り巻く環境は、ある意味、華やかな雰囲気でした。

立教大学に、いわゆる映画に関する学科は存在しない。そんななか、立教の映画サークルからは、青山真治、黒沢清、周防正行ら大勢の名だたる映画監督が出ている。

まず、黒沢さんや塩田明彦さんが活動していた「パロディアス・ユニティ」。ここは、当時は立大で映画表現論の講義を持っていて、映画評論も行い、のちに東大総長になった蓮實重彦さんという人が率いていて、僕自身、蓮實さんの授業も出ましたが、インテリ臭さもあって自分には向いてないと思って、ちょっと距離置いていました。僕が入ったのは、「立教アートスコープ」。とにかく映画を作りたいという、現場重視の学生の集まりでした。入学してすぐに、8ミリで映画を撮り始めました。

最初の作品が、『死期』。津軽で、青森で撮影しました。自分が役者もスタッフも兼ねていて、キャメラは任せましたが、あとのスタッフは地元の友人に頼んだりして。お金も、自分でバイトして出しました。内容は、故郷に帰った男が裏切られてそこで死ぬという話です。10分くらいの小品ですが、やっぱりぜんぜん満足できなくて、しっかり勉強したいと思って、シナリオ・センターに通い始めます。週2で、夜の授業でした。

講師は、シナリオライターの新井一さん、脚本家兼作家のジェームス三木さん。三木さんから教わった「書き始めたら、エンドマークまで書け」ということは、今も実践しています。

「包丁をくれ」と部屋に飛び込んできた、石神井公園の夜

監督自ら企画して、脚本も書き、金もスタッフも集め、そして好きなように撮る。そんな、自主映画精神とともに五十嵐の映画人生はスタートした。

〝東北の五十嵐〟は、やがて〝アートスコープの五十嵐〟と呼ばれるようになる。黒澤明に私淑しているということも、また公言していた。

上京して以来、とにかく映画は観まくったけど、ずっと自分のなかで大きな位置を占めていた2本があります。1本は浪人中に観た内田吐夢監督の『飢餓海峡』(’65)、もう1本は大学生になってからの『七人の侍』(’54)。

『七人の侍』を観たときは、すげえなぁ、世界のクロサワ、と思った。別世界へ連れていってくれて、時間を忘れさせるという映画の醍醐味を知り、これぞ映画なんだ、と思いました。

『飢餓海峡』との2作は決定的ですごいなと。

よく映画を観るなかで思うのは、映画になっているか、いないか。つまり、監督が自分の印鑑を押しているかどうかというのが、自分のなかでけっこうあって。

その意味でも、黒澤、内田の両監督は自分の印鑑を押してるじゃないですか。そんな作品が好きです。それがないと、誰の作品も同じ。最近、そう思わせてくれる作品が少ないと感じるのは、映画でも、テレビでも観客に迎合しすぎているからじゃないでしょうか。もちろん、そのときだけ時間を忘れて楽しむという映画もいい。でも、僕の映画は、観た人の心を揺さぶるものでありたい。じゃあ、何が人の心を揺さぶるかというと、やはり監督のメッセージが込められているかどうかだと思うんです。スクリーンを切ると、その人の血が流れるような。


『死期』のあと、すぐに取り組んだのが『幻影肢』という45分の8ミリ作品。

この映画も、故郷の青森と深く関わっている。同県の板柳町で育ち、連続射殺事件で逮捕、獄中で作家デビューし文学賞を受賞後、死刑となった永山則夫がモチーフとなっている。永山を思わせる主人公の男が都会で双子と知り合うが、抱えてきた鬱屈した気持ちが高まり、ふたりを殺してしまうというストーリーだった。

初めて、ちゃんとした形でシナリオも書いて、お金はレタス農家に長期間泊まり込みで働いたりして自分で稼いだ。日本映画界の衰退は進む一方で、僕らのような自主映画を支援するという動きはほとんどなかった。だから、ちょうど僕が大学に入った前年の'77年に、なんとか若手の映画人を育てようと、ぴあフィルムフェスティバル（PFF）が始まったりするんです。

『幻影肢』のスタッフはアートスコープの仲間や後輩が10人ほど、出演者はバンドや演劇をやっている同級生に頼み込んだ。ギャラは当然出ないから、その分、食事だけは用意して。といっても、棒の麩を3本くらい買って、切ってタッパーに味噌と麩を入れて、これをメシにしようと思ったわけです。スタッフがあきれちゃって、次回からお肉、焼き肉が届くようになりました。それは、同級生で親が金持ちの主演女優が差し入れてくれました。なんで、麩だったか。それは自分が好きだったから（笑）。麩に関しては、バンドやっていた男なんて、「ウチらは、金魚かっ！」と嘆いてた（笑）。

大学1年の夏休みを使ってロケもしました。でも、「○日にここで撮影します」と告げて、当日に現場に行くと、誰も来てないんだよ（笑）。前回、自分は確かに言ったはずなんだけど、伝わってない。たぶん、何かの話のついでに次のプランも喋ってるんだけど、周囲の人には確定事項として伝わってない。でも、自分は伝えたつもりでいる。フタを開ければ、ロケ現場に監督のオレひとり。

独りよがりで、自分だけ全力疾走して、うしろを見ると誰も付いてきていない。その後も、実は『ナンミン・ロード』くらいまで、その傾向がありました。

一緒に作り上げる喜び、苦労。映画の現場特有の張りつめた空気に、かつて一度だけ身を置いたことがある。私自身は、五十嵐の映画制作に直接関わったことはないが、小道具を提供したことがあった。この『幻影肢』のときだ。

大学が池袋だったので、同級生の多くが西武池袋線沿線に住んでいた。私も、最初の急行の止まる駅である石神井公園に住んでいた。この町を選んだのは、高校時代に『花筐《はながたみ》』という小説を読んでファンになり、卒業時には卒論にも選んだ作家の檀一雄が住んでいたからだ。

最後の無頼派と呼ばれた檀だったが、同じく無頼派にくくられる太宰治との親交でも知られており、いくつかの太宰に関する著作も残している。その太宰と同郷の五十嵐は、私が檀を好きなことを知り、青森と福岡、北と南という関係性に興味を持ってくれたのが、最初に友人関係が深まるきっかけだったのではないかと、勝手に想像している。

さて、その私の石神井の下宿でのこと。今では存在しないような部屋の鍵もないような下宿だったが、ある夏の深夜、熟睡していると、体を揺すられているのに気付き飛び起きた。目の前に、五十嵐がいた。

「すまん。包丁を貸してくれ」

単刀直入な物言いだった。

「映画の撮影を石神井公園でしていたが、包丁の先が欠けてしまった。今度の映画、包丁がないと成り立たないんだ。頼む。お前んとこの包丁を貸してくれ」

それから台所とは呼べない粗末な流しから1本の包丁を手にすると、また言い放った。

「ダメだ。こんな果物ナイフじゃダメなんだよ」

思いがけず深夜のダメ出しを食らった私は、隣の部屋の大学院生を叩き起こして借りようとしたが、五十嵐は、その包丁も気に入らない。

「出刃包丁みたいな、大きなヤツが欲しいんだ。堀ノ内、悪いが、大家さんに頼んでくれないか」

そこは自主映画といえども、いや、すべての責任を負う自主映画だからこそ彼に妥協はなく、引かなかった。その後、高齢の女性書道家だった大家を深夜に叩き起こし、平謝りしながら事情を話して、なんとか監督の意に沿う大ぶりな包丁を借りられた。

「すみません、助かります」

大急ぎで、包丁を手にして、再びロケ現場を目指す五十嵐だった。

その後、寝る機会を失った私も、石神井公園に初めてロケに見学に行った。てきぱきとスタッフや同級生の役者に指示を出す姿は、いつも見ていた彼ではなく、間違いなくひとりの映画監督だった。

さきほど大家に借りたばかりの包丁を手にしているのは、見慣れた顔の同級生だ。同時に、十数人の仲間と、ああだこうだ言いながら撮影している集団を見て、自分のやっていた同人誌の個人の作業とは対極にあるような一体感とか高揚感を感じて、少しばかり、うらやましい気がしたものだ。

五十嵐は、この『幻影肢』を完成させると、当時、自主映画や学生映画の登竜門だった'79年のPFFに応募し、映画監督の長谷川和彦の推薦を得て、文芸坐での上映が決まる。

この快挙は、私たち同級生の間でもちょっとした〝事件〟だったし、少なからず影響もあったと思う。私自身も、同人誌とは別に作品を書いては懸賞小説に応募するようになり、バンドをやっていた同級生は、キャンパスを超えて新宿のライブハウスなどでの公演にチャレンジするようになっていた。

PFFでは入賞はできなかったんだけど、長谷川さんが「おもしろい」って手を挙げてくれたんですよ。それで入選というかたちで、文芸坐のル・ピリエで上映されるわけです。

当時、情報誌の『ぴあ』と『シティロード』があって、僕はマイナーなシティロード派だったけど、そこに『幻影肢』の上映案内が載ったときは、うれしかったなぁ。

ずっと夢中で映画を撮っていて、授業にも出ていなくて、ある教授から理由を聞かれて、「映画、撮ってました」と答える。「じゃあ、見せなさい」というので、ちょうど、ル・ピリエで上映されるタイミングだったので教授に見てもらったら〝C（なんとか合格）〟をくれました（笑）。

『幻影肢』のあとが、『修羅の妄執　埴輪』という短編。原作は自分ですが、江戸川乱歩の『孤島の鬼』をモチーフにしていて、座敷牢に暮らす女性の話です。

上映会は、いつもは畏まった場所じゃなく、大学の教室を借りたりして、けっこうやってましたね。撮るときは、みんなでワイワイやって、また上映会で集まってもらって、カンパでひとり500円とかもらってたわけです。

最初の『死期』から、五十嵐の映画ができるたびに、客のほとんどは同級生という上映会が催された。まあ、義理のようなものだが、それを超えたつながり、陳腐だが、絆があった。40人弱の日文のクラスのなかで、男子は13人。女子は、世間のイメージのとおりゴルフにテニスとお嬢さんっぽいキャラも多かったが、立教の日文に来る男子は、ほとんどが早稲田に落ちた地方出身者で、いつも金もなく、言ってしまえば、早稲田の学生よりワセダっぽかったと思う。

貧乏だが、みな、小説を読み、酒を飲み、音楽を聴き、映画も観ていた。当時はまだ、VHSなどのビデオもなかった。'80年代初頭、大学を卒業するころになってようやくクラスの何人かがビデオデッキを持つようになり、裏ビデオの鑑賞会に仲間が集まったりしたものだった。

映画館も、各地にまだかろうじて残っていた。大学が池袋ということもあり、私たちの多くが住んでいた西武線沿線だけでも、練馬や清瀬など各駅に名画座やピンクの映画館があった。

そこへ、五十嵐が突き付けてくる映画のタイトルが、死期、修羅、幻影である。実際に、映像から受ける印象も暗かった。それを五十嵐自身もわかっていて、というより、立教の映画サークルのなかでも自分の色にしていて、「次の上映会は照明の代わりに蠟燭を通路に並べる」なんてアイデアを嬉々として語っていたものだ。

アートスコープの上映会では、五十嵐作品以外も見られたが、時代を先取りしたミュージックビデオのような作品も多く、言ってしまえば、独特の世界観を持つ五十嵐作品は、かなり個性的だったと思う。一方、普段の大学生活のなかでは、アイドルも好き、ナンパもするという、いわゆる予備校時代に憧れ思い描いていた大学生活も、きちんと送っていたように見えた。

一時、ボクシング部に入ったと聞いて驚いたが、そんなに長くは続かずやめたようだった。あとは、映画資金作りのための江古田駅前の喫茶店のバイトと、一日だけパチンコ店でも働いていた。自分たちとは違い、普段の五十嵐にパチンコをするイメージがなかっただけに理由を尋ねたら、「何事も経験。映画作りに役立つかと思った」と言うのだった。引っ越しもよくする変わったヤツでもあったが、その理由も、今となっては映像に関わる人ならではの視点ゆえの行動だったとわかるのだ。

引っ越しといえば、卒業後、五十嵐が三鷹に転居したときにアパートを訪ねたら、少し離れた中央線に跨がる陸橋まで連れていかれたことがあった。

「ここは、太宰のお気に入りの場所だったんだ」

そう言ったあとは、しばらく無言で、通りすぎるオレンジの電車を眺めていた。

　ボクシングも個人スポーツで興味もあったんだけど、いざやると、なんで憎くもない男を殴んなきゃならないんだとか、この人は今までどんな生活を送っていたんだろうかとか、そんなことを思い始めて、殴り合いなんてできないんですよ。

　シナリオ・センターで、「電車に乗ったら、前に座った人が何歳で、どんな仕事をしていて、家庭環境がどのようなものかなどを想像してみなさい」と教わったことがあって、ボクシングをしても、どうしても勝つより人としての興味になっちゃう。

　ロケハンも、以前は自分で車を運転していましたが、やっぱり運転しながら人や景色に見とれてしまって、一度、歌舞伎町の真ん前で事故ったこともあって、それでやめました。

　引っ越しは、練馬区にある江古田駅近くのアパートでは、2階建てで6部屋ありましたが、別の部屋が空くたびに引っ越しして、6つのうち4部屋で生活しました。部屋が空くと少しずつズレていくわけなんだけど。そんなことをやったのは、居場所を変えれば前と違う景色が見えるかもしれないという実験でもあったんです。

　そのアパートで忘れられないのは、バンド活動をやりながら学生運動をしていた友人がやってきたこと。立教に現役合格している優秀な男でしたが、突然のことで、部屋にインスタントラーメンしかなくて作ってやったら、鍋に頭を突っ込むようにしてむさぼり食うんです。あの光景も鮮明に記憶している。

彼の偉いのは、自分がやっている学生運動の話は一切せずに、つまり僕を「一緒に三里塚に行こう」とか勧誘しようとはせずに、今作ってる映画の話だけを聞いてくれたこと。その後は別の大学で、彼が働きかけて僕の映画の上映会も催してくれました。


’80年前後の立教大学と学生運動。一見、チグハグな印象を受ける取り合わせだと思う。だが、ロックアウトや学費闘争などで、クラスの男女の多くが参加して日文らしく文集を作ったりした時期もあった。といっても、五十嵐流にいえば、「学生運動が終焉しようとする時代のほんの端っこで、そのにおいを嗅いでいただけ」だが。

ゴルフやグルメに興じる学生がいる一方で、ある者はバイトに精を出し、ある者はバンドを組み、そして五十嵐は映画を撮り、私は同人誌を出版していた。

五十嵐も、『幻影肢』を発表したのと同じ’79年夏に、その同人誌『無頼』創刊号に、オリジナルシナリオ『かわいい規律』を寄せてくれている。気取ったわけではないが、私はじめペンネームを使う同人の多かったなかで、五十嵐は本名での登場だった。やがて、卒業の季節が訪れる。

第 **3** 章

『津軽』『ナンミン・ロード』

30歳手前で必ず劇場用映画を撮るんだ

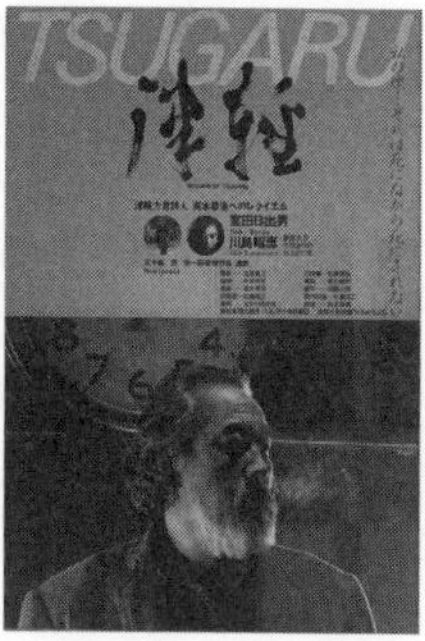

三船プロ内定取り消しを経て、岩波映画へ

立教にいた4年間で、8ミリ映画を5本ほど作って、やっぱり、これを仕事にしたいと強く思うようになっていましたが、どうにもこうにも、映画界にどうやって入っていいかがわからなくて。すでに日本映画界は斜陽で、撮影所の募集なんかもほとんどなかったですし。

そんなとき、ある女性のツテで、俳優の三船敏郎さんが起こした三船プロダクションを紹介してもらえることになったんです。僕の父方の親類で、斎藤耕一監督の『津軽じょんがら節』('73)にも出演し、新藤兼人監督の『かげろう』('69)では準主役をやっていた、富山真沙子という女優がいるんです。

彼女の紹介で三船プロのプロデューサーと会うと、「卒業したら、うちに来なよ」と言われて、内定もしていたんですよ。もちろん監督としてではなく、なんでもやる制作スタッフとして入ることになっていました。だから、就職活動も何もしていない。

同級生の多くが大学3〜4年から本格的に就職活動をするなかで、五十嵐がほとんど動いていなかったのは、事実だ。何をしていたか。ともに大学3年で覚えた私と一緒に、麻雀に現を抜かしていたのが真相だ。同級生には今もプロとして活躍するプロ雀士もいて、彼とも卓を囲んだことがある。あとは、互いの下宿を交替で雀荘として、ほぼ毎晩が徹夜麻雀で、この1年はほとん

ど授業に行かなかった。

卒業後の進路は、男子の場合は教師、経済誌出版社、編集プロダクションが多く、成績Aをいっぱい取っていた女子は、当時勢いのあった大手出版社への就職を次々に決めていた。たしか、五十嵐の映画で焼き肉を差し入れてくれた主演女優はぴあに入社した。

私自身は、「同人誌は3号で終わる」というジンクスに抗うべく、『無頼』4号を意地でも出版するぞと奔走していて、留年する。そして、その同人誌は、4号を出したところで息切れして借金を抱えたまま終わった。五十嵐は、4号のうち創刊号、2号(『白夜』)、4号(『俺を走らせたのは何だ』)でシナリオを寄稿してくれた。今回の取材があって見直すと、巻末の同人の住所欄の彼のアパートの名前が号ごとに変わっているのに気付き、思わず笑ってしまった。

それにしても、五十嵐が三船プロから内定をもらっていたとは、卒業後40年して初めて知らされたが、それを今回の取材時まで明かされなかったのには、ある事情があったのだった。


内定をもらった数カ月後でした。ニュースにもなりましたが、三船プロが分裂した果てに事業が縮小されるんです。そのあおりを食らって、この就職話は簡単に消えました。

さあ、まず、どうやって食っていくか、ですよ。

とにかく、食い扶持を稼ぐにしても、バイトでもいいから、映像の世界と関わっていようと思いました。それで、新聞広告に求人が出ていたドキュメンタリー映画監督の大重潤一郎さんの立ち上げた制作会社JSPで臨時採用で働き始め、すぐに、そこを通じて岩波映画で働くようになるんです。ここもバイト待遇で、助監督とか制作進行を担当する、やっぱり何でも屋でした。

何もない自分が撮れるのは地元

学生時代は、自主映画とはいえ、映画監督としてスタッフや役者を率いていた五十嵐だったが、大学卒業後、「食っていくため」に、いったん監督業を中断することを余儀なくされる。

岩波映画製作所は、戦後に創設された日本を代表する記録映画会社で、主にPR映画や産業映画を制作していた。大重潤一郎は、この後、沖縄で神の島と呼ばれる久高島《くだかじま》を舞台にしたドキュメンタリー映画『久高オデッセイ』('07〜'16)三部作で知られるようになる映画監督。五十嵐は、JSPで短期間働きながら、そのつながりで、やがて岩波映画の仕事も手伝うようになり、同じくドキュメンタリー映画監督で、『記録・授業―人間について』('77)などの自作を持つ四宮鉄男(82歳)のアシスタントとなって厳しい修業時代を送る。のちに彼は、プロフィールにも「映画界に入ってからの師は四宮鉄男氏」と書くようになるのだが、実は四宮のもとで働いた期間は長くはなかった。

四宮さんの下で働いたのは、たぶん2〜3カ月くらいでした。岩波では、他の作品にも付いたりしてトータルで1年ほど手伝っていましたが、ふと気付くんです。

師匠の四宮さんや大重さんは、ＰＲ映画もやりながら、自分の作りたいドキュメンタリー映画も作っている。また、四宮さんたちの周囲にいたキャメラマンの堀田泰寛さん（82歳）のように、たびたび劇映画でも仕事をして、大森一樹監督の『ヒポクラテスたち』（'80）のような話題作に参加している人もいました。ちなみに堀田さんは、のちに僕の映画『ＳＡＷＡＤＡ』や『アダン』（'05）などにも参加してもらうことになります。

そんな、いわば、わが道を確固として歩んでいる先輩たちのなかで仕事をしていると、余計に考えてしまうんです。このままＰＲ映画の世界にいても、僕がなりたい映画監督にはなれない。だったら、自分でやるしかない、と。とはいえ、ツテもない。このままでは、監督になるという目標が本当に夢のままで終わってしまう。

じゃあ、何をやるかとなったとき、他の人より強いものを背負ってやったほうが上にいけるかな、それは何かと考えたとき、ああ、田舎、と思うわけですよ。地元の青森、津軽、東北だ、と。それで、いったん田舎に帰って、リセットじゃないけどじっくり考えてみようと思ったんです。

ＰＲ映画もやめて、藤崎に帰りました。それで、ねぶたを見たり、岩木山の麓を流れる岩木川の土手を歩いていて、そのとき浮かんだのが、高木恭造さんの津軽方言詩『まるめろ』

だったんです。

改めて自分の強みについて考えたとき、そうだ、オレは津軽弁をしゃべることができる。他の人は難解だという、その津軽弁で書かれた詩もすらすら理解できる。

そのとき、いろんな津軽や青森にまつわる人のことを思い出しました。棟方志功（版画家）、高橋竹山（津軽三味線奏者）、寺山修司（劇作家、歌人）、川島雄三（映画監督）、沢田教一（カメラマン）、笹森儀助（探検家、政治家）。

そんななかで、当時の自分の心境に沿うように、高木さんの『まるめろ』のなかの「陽コあだネ村」という詩がパーッと頭に浮かんできたんです。

『この村サ一度だて　陽コあだたごとあるガジャ』

この村に今まで一度だって太陽が当たったことがあるだろうか――。よし、これを映画にしよう、と思うわけです。


高木恭造（1903年〜1987年）は、青森市出身の教師や眼科医でもあったという特異な経歴を持つ郷土詩人で、津軽半島の北端にある一本木村（現今別町）での代用教員としての4カ月の歳月が、『まるめろ』のモチーフとなっている。

無謀だったけど、すぐにレンタカーを借りて青森まで行くんです。ひとり、『まるめろ』の舞台である津軽半島の今別町袰月《ほろづき》とか、下北半島の佐井村とかを走りました。

つまり、青森のはじっこ。高木先生が田舎ばかりで学校の先生をやっていたからで、その各所で詩を作っているんですよ。だから、まずはその現場に身を置かなきゃ、と思った。で、ダーッと車で回った。寒いなか、お金がないから、パチンコ屋の駐車場とか寺の境内で車中泊しながら。

やっぱり、寒いときに見たかった。すると、まだ残っていたんです、高木先生の見たのと同じ景色が。ちょうど新潮社から出ていて、僕も感銘を受けていた小島一郎氏の写真集『津軽』の世界がしっかり残っていて、これは映画になると確信するわけ。

安定した生活のアテもないなか、衝動的に、半ば自棄《やけ》になって動いているようにも見えるが、実は違う。五十嵐には、映画を撮りたいと思っていたころから一つの思いがあった。

「30歳になる前に1本、16ミリで劇場公開できる映画を撮る」

その自分の目標に忠実に行動していた結果、彼は気付いたら、独立した自主映画監督として歩み始めていたのだった。この『津軽』の制作に動き出したのが'86年、30を目前にした28歳だった。

この映画は、最初から、ドラマや物語というよりは、僕の思い描く高木先生の詩の世界をイメージで綴るといった映像詩風の作品にするつもりでした。

次には、安宿に泊まりながら脚本を書きました。都会から故郷に帰ってきた初老の男の話。その男が高木さんの詩の世界を辿っていくという、魂の彷徨を描いた作品です。

それで、次に何をしたかというと、高木さんに許可をもらいに行くわけです。弘前で眼科医をされていたんですが、もう引退されていたので、知り合いを通じて、まず手紙を書いて会いに行きました。

室田日出男は「お袋のことを思い出させてくれたこの映画に、俺は出るよ」と

前述のとおり、大切な話を、特に初対面の相手とする場合は、まず手書きの手紙から。これも、五十嵐のスタイルだ。もともと筆まめで、私も多くの手紙や絵はがきをもらっている。

祖父ほども年の離れた高木とは、手紙を出したあとの直接の対面で、こんなやり取りがあった。

「ぜひ、先生の『まるめろ』を映画にさせてください」

緊張して願いを口にすると、

「いいですよ」

まったく偉ぶる様子もなく、その場で快諾してくれたという。

「じゃ、頑張ります」

玄関を出ようとした五十嵐に、高木が声をかけた。

「おい、ちょっと待て。これ、持ってけ」

玄関の上がり框にドンと置かれるサントリーの角瓶。学生時代は、もっぱら銘柄もない安ウイスキー一辺倒だっただけに、感激も大きい。

こうして原作者の許可を得て、いよいよ本格的な映画作りがスタートする。

もちろん、まともな就職もしたことのない僕に貯金はおろか、映画のための自己資金なんて1円たりともありません。

まずは、お金の問題でした。そこで最初は父親から50万借りて、それから親戚、友達、いろんなところから全部で300万円くらい借りました。親父の教え子が北津軽郡に茅葺き屋根の農家を持っていて、そこをタダで借りて、次に車もレンタカーじゃなく必要になるだろうと、車検切れのやつをやっぱり3万円くらいで買って。

今度は、最初から映画館にかけようという思いを持っていたので、8ミリじゃなくて、初めて16ミリで撮ろうと考えていました。でも、お金はないからシロクロで、もう一つ、シンクロ（同時録音）はお金がかかるからアフレコにしようと、最初から決めた。

続いて、スタッフ。当時、大林宣彦さんの『漂流教室』（'87）という映画があって、そこのキャメラで志満義之さんという人がいて、彼にお願いしたくて、直接探して連絡を取りました。

「ギャラは安いけど、お願いします。青森でメシだけは自由に食ってもらいますから」

と。その志満さんのツテで、照明や装飾、助監督まで、いわば芋づる式に決まっていったんです。

じゃ、次は俳優はどうしようかと思ったとき、最初に頭に浮かんだのが室田日出男さんでした。東映のヤクザ映画や悪役でお馴染みの売れっ子俳優ですね。僕自身、ヤクザ映画も好きで、また影響を受けた『飢餓海峡』にも出ていた人でしたから、いつか一緒に仕事をしたいと思っていました。

それから、脚本と今まで自主映画で撮った『幻影肢』などの資料と自分の思いを手紙に認《したた》めて、事務所宛てに送りました。すると1カ月ほどしたころ、付き人で俳優の飯島大介さんを通じて、室田さんが会いたいと言っているとの連絡をもらうんです。

指定された日に、室田の行きつけという新宿西口の飲み屋ののれんをくぐると、目の前のカウンターにでっかい背中があった。室田本人だった。

まず、その背中の大きさだけで、得体の知れない怖さを感じました。

けっして饒舌ではないんですが、お酒は好きなようで、何本目かのとっくりが空になった拍子に、室田さんが訥々と喋り始めたんです。

「脚本を読んで、自分はオホーツクにいるお袋のことを思った。今は亡くなったが、そのお袋のことを思い出させてくれたこの映画に、俺は出るよ」

僕はその言葉に感動しながらも、一方では内心、ギャラのことが心配になっていました。すると、それを察したかのようにまた言ったんです。

「俺はギャラはいらない」

室田さんは続けて、

「その代わり、○日から○日までは別の撮影が入ってるから」

つまり、すでに決まっている日程の隙間を使っての撮影なら出演できるよ、ということだったんです。室田さんなりのやさしさですよね。


五十嵐の胸の奥がじわじわと熱くなったのは、緊張から飲みすぎた酒のせいばかりではなかった。

だが、このとき、まさか数週間後の現場で、あんな騒動が巻き起こるとは想像もしていない。


今も映画のポスターで残っていますが、撮影では、室田さんに、うちの親父のコートやシャツを着てもらいました。ベルトまでつけて。彼は小樽出身だったんですが、青森の男になり切ってもらいたかった。

僕の脚本では、相手役の女性は全盲の女性でした。じゃ、本当の全盲の女性でやりたい、ととことん突き詰めたいと思ってしまうわけですよ。で、探したら、早稲田盲学校というのがあって、そこで演劇をやっている人たちがいると聞いたものだから、そこへ行ってみようと。そこで出会ったのが、川島昭恵さんです。学校を訪ねると、ちょうど子供たちに読み聞かせをしていた。その姿を見て、その場で出演を依頼しました。イメージに合っていたということと、もう一つ、こんなたくらみがあったんです。

映画俳優の室田さんが、女優が演じた盲人ではなく、本当の全盲の女性を相手に芝居することに対してどんな芝居をするのかな、と考えるわけ。〝嘘〟じゃないから。たぶん、多くの芝居の現場で嘘には慣れているベテランの彼も驚いて、要はこれまで見られなかった化学反応が芝居で起きるんじゃないかと考えたんです。

やさしい男・室田日出男はごはんに日本酒をかけて食べた

五十嵐のたくらみは、ピタリとはまり、室田は、全盲の川島を相手に迫真の演技を見せていく。

ところが、

「こんな撮影、ダメだ。監督もスタッフも何やってんだ」

突然の怒声とともに、撮影の途中で宿に帰ってしまう主演俳優だった。

もともとスタッフの人数もギリギリで、どうしても段取りが悪くなってしまうのもわかっていた。さらに極寒ともいうべき雪の中での撮影だったので、スタッフの誰もが目の不自由な川島に対して入念にケアしており、ときには長時間足をさするような場面もあった。そんななか、室田

は突然、現場を去る。全員が茫然とするなか、五十嵐は慌てて室田の宿泊先へ謝罪に行った。すると、
「まあ、わかった」
監督の顔を見ただけで満足したかのように機嫌はなおり翌日には現場に復帰したが、スタッフの間には、なんとも言いようのない緊張感が漂ったまま。それでも何日か撮影できて、ちょっと安心していたら、また数日すると室田は機嫌を悪くして、ふいと帰ってしまう。また謝りに行くのは五十嵐だった。

私たちは全盲の川島さんに対しての気配りがうまくできていなかった。そのことに対して室田さんは怒っていました。そして同じようにスタッフを仕切れずにいた監督の自分にも。役者さんというのは、いい意味で、子供みたいな人たちで。だから、僕ら監督以下スタッフは完璧な状況で迎え入れるべきなんだけど、やっぱり、ギリギリの人数もあって、こぼれが生じる。そこを繊細なだけに役者さんは鋭く感じ取って許せないんだろうけど、理由は言わずに帰っちゃう。あとで飯島さんから告げられて、あの段取りのことか、とわかるわけです。

室田の拘束期間は、のべ1週間程度だったという。なんとか撮影をすべて終えて、クランクアッ

プ。そして帰宅した五十嵐を迎えたのは、留守電のおびただしい数を知らせる点滅ランプだった。

「五十嵐〜、何やってるんだあ！　すぐ来〜い！」

酔った室田の怒声に、五十嵐は慌てて飯島さんに居所を聞き、真夜中近い酒場へ、また謝りに行ったのだという。撮影はとうに終わっていたのに加えて、何に対して怒られているのかもわからずに。

しかし、それでも室田を嫌いにはならなかったと、五十嵐は言った。

ラッシュを見たとき、やっぱり、その存在感が圧倒的なんです。あの撮影期間中の機嫌の悪さなんて、微塵も感じさせない。ああ、これがプロなんだと。

みんなで食事をするとき、室田さんは、白いごはんにオロナミンCをかけて食べていた。なんだろうと思ったら、オロナミンの瓶に日本酒を入れてたんですよ。酒も元は同じ米だって（笑）。根は、ものすごくシャイな人なのかな。

それだけ酒好きなのに、芝居になると、驚くほどの凄味を見せる。初めて本物の映画俳優

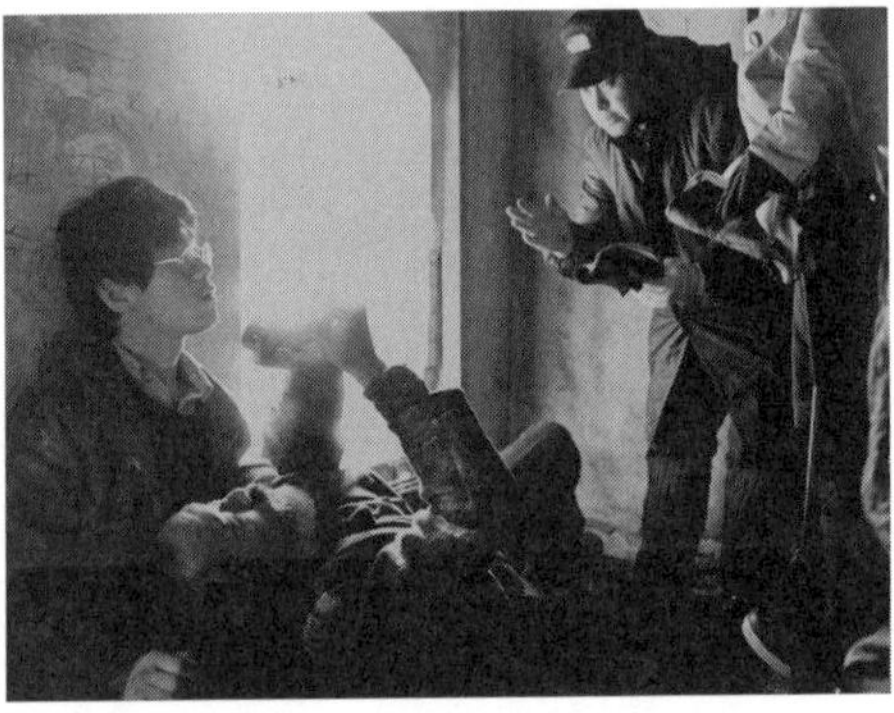

新人監督の依頼を受け入れ出演した室田日出男。
父のコートを着て演じた名優の存在感は想像を超えていた

と会って、自分の映画の主役になってもらって、すごく学ばせてもらいました。

その後も、多くの俳優さんたちと仕事をしました。いろんな癖を持つ人がいるじゃないですか。でも、この人に比べれば、と思えるわけです。逆に、ここ最近は、室田さんのような破天荒というか強烈な個性の役者さんはほぼいませんから、淋しくもあります。

資金不足で撮影中断

撮影を終え、ホッと安堵したのも束の間、いよいよ次の編集の段階に入るというときになって、大きな問題が持ち上がる。資金不足だった。

撮影だけで、準備していたおよそ300万円を使い切って金が底を突いたのだ。しかし、そこからの編集作業で、軽く見積もってもさらに約100万円が必要だったが、その目処がまったくなかった。

つまり、撮ったはいいが、録音スタジオ費もない現実があった。もう借金を頼める人もいない。いまさらの100万円調達はもう絶対に無理な状況で、八方塞がりとなっていた。

ここで、映画『津軽』は、いったん中断する。

公開にまでこぎつけることはできなかったが、とりあえずは、「30歳までに16ミリで1本撮る」という自分への公約は果たした、との思いもあった。

しかし、個性過剰な大物俳優と日々格闘しながらの撮影は初体験だっただけに、『津軽』での室田とのやり取りを思い出して、少し逃げ出したくなったのが本音だという。

そうして五十嵐が飛び込んだのは、映画とは似て非なるテレビの世界だった。『兼高かおる世界の旅』（TBS系列）の撮影スタッフとなり、兼高かおる（1928年〜2019年）の取材に同行して海外ロケでのカメラ助手などを務めた。

しかし、ここも岩波映画同様に、1年弱というけっして長くない期間だった。しかし、後述するが、先の見えない状況のなかで出会った四宮、兼高というふたりの個性豊かな仕事ぶりは、その後も五十嵐映画の現場で折にふれて生かされていく。

『世界の旅』の仕事を終えた五十嵐は、映画修業をいったん休止して、'87年ごろからアジアを旅する生活に入る。


バックパッカーたちに象徴されるアジアブームというのが、あったと思います。いちばん最初は、大学を出てすぐ、アルバイト生活の合間にタイへ行くようになっていました。僕自身は、谷恒生さんの『バンコク楽宮ホテル』という一冊の本がきっかけでした。タイのあるホテルに長期滞在する、少しはぐれ者の日本人たちの有り様を書いた本でした。沢木耕太郎さんの『深夜特急』ほどメジャーではありませんが、一部のアジア好きのバイブルだったと思います。

いったん中断していたアジア通いでしたが、『津軽』の撮影後にいろいろあって、いろんなしがらみから半ば逃げ出すように、また始まったんです。

不思議なのは、僕は寒い東北出身なのに、なんだか、南の国の雰囲気が肌に馴染んだんです。タイのバンコクやアユタヤなどの景色も、人も、あの開放感は青森にはなかったもので、とても魅力的でした。

どっこい生きてる、って感じがするじゃない。親きょうだいがいつも身を寄せ合って暮らしていて、そうした向こうのファミリーとも、すぐに知り合いになって。というのも、僕は他の日本人が歌舞伎町のような歓楽街などに泊まるところを、あえて普通の町なかに滞在していたんです。で、そこの家族と友達になって、メシも食わせてもらったり。

言葉もわからない者同士、こちらも向こうもカタコトの英語での会話。町の集会場みたいなところに出かけると、数日もすると、みんなも珍しがって「ショウ、ショウ」と話しかけてくる。たいてい、子供から。そのうち、僕が1日顔を見せないだけで、「ショウ、どこに行ってたんだ」となってくるわけですよ。

東京では、『津軽』も宙ぶらりんになっていて、大変な状況はあるわけなんですけども、あの南国の素朴な温かさがイヤなことは忘れさせてくれた。ときには、シンハービールを飲みながら（笑）。

あとで映画を撮ってみてわかるのは、きっと、沢田さんも、泰造も、日本以外の外国にそんな場所があったんじゃないか、って。当時、映画作りの状況は何も変わらないのに、兼高さんのところも結局、短期でやめて、少々、自暴自棄になってたこともあると思います。

そうやって何度か行くうちに、タイのカオサンの安宿に滞在中に現地でビザを取って、ベトナムまで足を延ばすようになっていき、すぐにハマるんです。

ベトナムにのめり込み戦争の爪痕を見る

数カ月置きに帰国して、短期バイトで金が貯まると、またベトナムへ行く。このころ、たまに五十嵐に会うと、アジアでの様子などを話しながら、「早く映画を撮りたい」と話していた。何度も通ううちに、アジアの人脈も広がっていたようで、私が雑誌などの企画でアジアをテーマにした取材をするときなどに、かの地に詳しいジャーナリストを紹介してくれたこともあった。

そうして日本とタイやベトナムを行き来し、いわば宙ぶらりんの生活をしながら、いつも脳裏にあったのが、青森出身のピュリッツァー賞カメラマンの沢田教一の存在だった。

もちろん、沢田さんのことはずっと意識していたけど、それよりも、ベトナムの印象自体が鮮烈すぎて。だから、沢田さんの映画のために行くというのではなかったです。

また現実的にも、沢田さんの映画となると、戦場や戦闘シーンが必須で、それは大規模になって、お金もかかるから、まだ自分には無理だろうと。それより、とにかくベトナムに行きたかった。まあ、要するにベトナム病だったんでしょうね。ベトナム語も、三鷹のアジア・

アフリカ語学院で3カ月、勉強しましたから。

ベトナムはもともとフランス領で、フランスパンがおいしいと有名じゃないですか。ホーチミン市で気に入ったカフェがあって、毎日、フランスパンを買うついでに立ち寄るようになっていたんです。これは僕の癖で、一つのことがいいと思ったら毎日行く。

すると、そのカフェの家族と顔馴染みになって、やがて持参したカメラで写真を撮らせてもらうようになっていて。だけど、ただひとり撮らせてくれないのが、そこのおばあちゃん。聞くと、異国の人との写真は撮られたくないと。これは、ベトナム戦争のトラウマだったようなんですね。

そうやって普通の家族と交流しているだけなのに、やがて戦争の傷跡が見えてくるんですよ。歓楽街に行けば、カラオケ屋の2階が売春するような仕組みになっていて、どう見ても小学生にしか見えない少女が出入りしていたり。貧困による栄養失調が原因でしょう。一方で中部の田舎町なんかに行くと、普通の家の玄関前に10代の女の子がゴロンと寝ている、学校も行かずに。

日本の報道では、バンコクやホーチミンが華やかな観光地になっているとか、すっかり都会化されたなどと紹介されるけれども、一歩奥に入ると絶対的な貧困があって、そこから戦争というものを突き付けられるわけです。

のちに沢田や泰造のことを調べて、その足跡をたどると、地雷の跡などがあって、あからさまな戦争の爪痕が残っているのが見えるんです。でも、このベトナム病になっての訪問時には、普通の生活のなかに貧困や難民というかたちで戦争があることを知り、愕然とするんです。

切ない思い出もできた。現地女性との結婚話まで持ち上がったという。

フエの王宮のそばにあるカフェにも、通いつめました。そこに、トゥアンという名の娘がいて。彼女は大学生で、頭のいい子で、英語の会話もできたんです。すぐに恋に落ちて、僕が帰国したあとも文通が続いて、「日本に来たらこういう生活をしよう」という話にまで発展しました。

一時は本気で結婚も考えて、日本に呼び寄せようと思いましたが、家族を大切にする人たちなので、彼女を呼ぶということは、一族30人くらいの面倒を見なきゃいけなくなる。だって当時の僕の状況を思えば、そもそも映画も資金不足で中断していたし、自分ひとりの生活も立ち行かない情けない状況なわけですから。これは若気の至りというか、彼女とは自然に別れることになりました。

ただ、彼女の姿は、のちの『SAWADA』で3カットだけ、アオザイを着た彼女をスクリーンに登場させています。かっこよく言えば、映画に思い出を刻印して、自分の中でけじめをつけたわけです。

そうやって、日本とベトナムを行ったり来たりしているうちに、ボートピープルの存在を知るんです。

ベトナム第3の都市とされるダナンの海岸でした。屋台でダナンビールを飲んでいると、愛くるしい笑顔の男の子が近づいてきて、「どこから来たの？」「ジャパン」というカタコトの会話がありました。すると、男の子は外国人の僕に興味を持ったようで、「家に来て」と誘うんです。

言われるまま男の子の家に行くと、夕食を食べていけという。すごいご馳走が並んでいて、理由を聞くと、数日後にアメリカに移民として行くという。どうも、サイゴン陥落後に長男だけが先にボートピープルとしてアメリカに渡っていて、そこを訪ねて行くらしい。その家族全体の高揚感もあって、日本人の僕を招待してくれたのでした。でも、そこで僕は不思議に思うんです。そんなに貧しそうでもない人たちが、自分の故国を離れるのに、どうして喜んでいるのだろうと。

どうも彼ら一家は、ボートピープルではなく国のODP（合法出国計画）で行くということだったようです。そういう内情を知ってこの国は奥が深いと思ったし、その奥深さを作っている大きな原因が戦争ではないかと気付きます。

それで帰国後、1冊の本と出合うんです。ノンフィクション作家の内山安雄さんの『ナンミン・ロード』でした。これを映画化したいと思った僕は、内山さんに手紙を書いて会い、同じころ、「難民を助ける会」にも入会しました。

「上板東映」名物支配人の資金提供を受け『津軽』完成へ

こうして30歳を過ぎた1988年、監督第2作目の『ナンミン・ロード』が動き出す。すると、おもしろいもので、撮影は終わったものの止まっていた第1作『津軽』も、同時期に再始動するのだった。

ここにも、一つの出会いがあった。ツテを頼って紹介されて出会ったのが、上板東映という名画座の小林紘。この映画館は'83年に閉館となるが、小林は、若い映画人のよき相談相手として、石井聰亙（現・石井岳龍）監督の『狂い咲きサンダーロード』（'80）や小中和哉監督の『四月怪談』（'88）などいくつもの意欲作のプロデュースも行うという、映画界では知る人ぞ知る存在だった。

小林さんとは、もちろん初対面でしたが、会ってすぐに受けたおおらかな印象から、ここは隠し事をせずに洗いざらい正直に告げようと思いました。

「『津軽』という初めての映画で、室田日出男さんにも出てもらったんですが、仕上げの金がないんです」

「じゃ、とにかく、1回、見せてみなさい」

それから大急ぎで試写室や映写機を借りて、音は入ってない粗編集をすませたフィルムで90分くらいあったのを見てもらいました。

観客は小林さんひとりだけの試写会。カラカラカラと映写機がまわる音だけが試写室に響きわたるなか、僕と助監督はスクリーンではなく、映写機のそばで小林さんの背中をじっと凝視して上映が終わるのを待ちました。それが、途中で小林さんはトイレにも立ったりして、ああ、気に食わないのかなぁ、と不安に襲われたり。

そして90分の試写が済んで明かりが灯ったとき、小林さんが言ったんです。

「五十嵐君、あと、いくらかかるんだ」

このときも、素直に金額が口から出ていました。

「100万円です」

「ちょっと待って」

そう言いながら、小林さんが取り出したのは小切手でした。それから、

「そんな恰好の君がひとりで行くと、怪しまれるだろうからね」

冗談っぽくそう言うと、映画館の近くにあった銀行の小切手に裏判を押してから、

「これで大丈夫。さっ、これを、そこの銀行に持っていきなさい」

こうして、いったんは死にかけていた、五十嵐の実質デビュー作となる映画『津軽』は、数年ぶりに息を吹き返したのだった。

資金さえ揃えば、アフレコなども、けっこう順調でした。高木先生が朗読する肉声も使えましたし。

小林さんは、『津軽』では制作協力していただきましたが、その後、亡くなりました。でも、あのとき、小林さんは、せっかく生まれかけていた映画をなんとか誕生させてやろうとしたんだと思うんです。スクリーンから、僕の処女作にかける熱量を感じてくれたのかもしれません。それは、ギャラはいらないと言った室田さんも同じ。みんな、映画を愛する人たちですから。その熱が、彼らのなかの何かを動かしたんですね。

原点としての『津軽』があった。津軽は、僕の故郷でもある。それがあったから、今の僕がある。

この映画をふり返るとき、いつも考えるのは、僕は映画を作っているというより、作らせてもらっているということ。

だから、感謝。その思いを込めて、この映画のときは、スタッフにも、ギャラとして万札をわざわざ1000円札にして1枚1枚、はいっ、と渡していましたね。

まさに、捨てる神あれば拾う神あり。残念ながら、小林は'08年に65歳の若さで亡くなっているが、五十嵐同様、いまなお尊敬し、慕う映画人は多い。

また、'02年に室田が64歳で亡くなったとき、五十嵐は、葬儀の受け付けをしていた寺島進に、「棺に入れてください」と言って『津軽』のビデオを託したという。

映画監督という職業があるのだとしたら、自分だけで作っているという意識の人はいないと思います。やっぱり誰かのおかげで作らせてもらっているとの思いがないと、監督という職業は続かないと思います。

ヒットするしないは関係なく、ですね。自分が作っていると考える人は、監督じゃないんじゃないかと思うほど。それほど、いろんな分野の人が関わる総合芸術なんです。

プロデューサーの仕事なんて、政治力も要りますから。もっといえば、政治力の塊でもある。自主映画的に作っている初期は、そこもせざるをえなかった。でも、映画制作をとおしては、そればかりに専念もできない。『島守』も、途中からは監督にならないといけないわけですし。

今もそうですが、立ち上げまでが大変なんです。それこそ、いろんな人の私利私欲も絡んで、まさに混沌とするなかで、作らなきゃならないわけです。そこが、大変だし、難しい。人との混沌は好きですが、映画制作の過程での私利私欲が絡む混沌は、いまだに苦手です。

尾籠《びろう》な話ですが、当時は、ウンコみたいなもんで、自分の思いを出し切ったらそれでいいと思っていた。『津軽』なんて、まさにそれ。これこそ俺なんだ、人が観てどう思おうが関係ない、と。

でも、けっしてそうじゃなくて、作り手側の思いはもちろん、観る側への思いもあって作らないと本当には伝わらないんだということを、小林さんやスタッフ、役者、スポンサーさんたちとの出会いのなかで学んでいくわけです。

グラスに嘘の氷が入ってるほうが、おいしく見える場合ってあるわけです。自然光より照明さんの作る光のほうが自然光らしく見えたりとか、実際にけっこうあって。人に伝えるときは、相手のことをちゃんとわかったうえで伝えようとしなければならない。そのことを、映画が教えてくれた。

ふたりの「プロ」が認めてくれた『津軽』

制作開始から3年かかって'89年に公開され、五十嵐にとっては劇映画の第1回監督作品となる『津軽』は、興行としては成功とは遠かった。この年、年号も昭和から平成に変わっていた。

今は閉館した東京・中野のミニシアター、中野武蔵野ホールで上映されました。昼が『津軽』で、夜が同世代の塚本晋也監督の『鉄男』('89)。自分にとっては初めての劇場公開だったので、やっぱり気になるから毎日電話で映画館に問い合わせると「3人しか入っていない」と言うんだけど、すぐにそのうちふたりはスタッフとわかって。一方、『鉄男』は大ヒットでしたからね。

もしかしたら、あそこで、映画をやめていたかもしれない。もし、ひとりもおもしろかったと言ってくれる人がいなかったなら。100人観て99人がおもしろくなくてもいいんです、ひとりだけ「おもしろい」と言ってくれる人がいれば。そのひとりが、次のステップになるんですよ。

『津軽』のときも、田中千世子さん、大久保賢一さんというふたりの映画評論家が気に入ってくれて、「おもしろい」と言ってくれた。つまり、ふたりのプロが認めてくれたことで、ル・ピリエのときの長谷川さんと同じように、もうちょっと作ってみてもいいかな、と思えるんです。

もちろんヒットして、観客も大勢いたほうがいいんだろうけど、映画監督も子供みたいなもんで、ひとりから、そして嘘でも褒められると、もうちょっと上にいけるのかなと、思ってしまう。

たしかに、いいものじゃなくてもお金をかけて宣伝すれば、ある程度は入るしヒットと言われるようになると思います。

でも、本当にいいものは、僕は、お客さんも入ると信じてるんですよ。観る人はわかってくれる。その意味では、観客に敬意を持っている。だから、やっぱり、入らないのは本当にいいものじゃないから。

『津軽』は中野武蔵野ホールで単館で始まり、その後は各所で自主上映での公開となり、もちろん青森でもやりました。当時の青森市文化会館だったと思いますが、途中でフィルムが切れたりして。高木さんが亡くなったあとだったんで、ああ、高木さんに怒られているのかなと思ったり。

ちょうど親父や親戚も来ていて、そんなときにオリジナルのフィルムが切れて、修復に1時間近くかかっちゃって。結局、誰もいなくなっちゃいました。そんなこともありましたね。

そうした経験から、作った映画を、どうやって人に届けるかということを考えたし、その大変さも知っているつもりです。

その経験が、のちに『二宮金次郎』で、新たな上映形態に挑むことにもつながります。

ベトナムへの思いを結実させた『ナンミン・ロード』

「映画にしたいんです。この本を原作として、動いてもいいでしょうか」

読後の感動を伝える手紙を出したのち、歌舞伎町の居酒屋で対面したノンフィクション作品『ナンミン・ロード』の著者の内山安雄は、ひとことこう言った。

「はい、頑張ってください」

酒が入っていたせいばかりではないだろうが、意外にあっさりと承諾してくれたのだった。しかし、順調にいくと思われたのは、ここまで。

それから、一気にシナリオを書き上げた。映像化すると5時間にもなる分量だったが、そのまま50部を自費で印刷して、知り合いや、まだ会ったことのない人、プロデューサーや制作会社に、文字どおり、ばらまいた。

やがて、プロデューサーの増田久雄から連絡が来た。彼は言った。

「五十嵐君、これは無理だ。誰が、この主人公たちの役をやるんだ。この役をやるベトナム人が日本にいると思えないし、難民なんて出てもらえるわけないし、そもそも日本では難民なんて誰も関心ないよ」

映画のテーマは、「青春と友情」。主役は、3人のベトナム人の若者。警官殺しの過去を背負ったトク、ヤクザの使い走りをするヨン、そして日本人の恋人を持ち自由を求めてアメリカに旅立つヒロインのラン。みな故国のベトナムを離れ、悲惨な過去を背負いながらも日本で必死に生きている。

ベトナム戦争の終結は'75年。戦争が終わり、平和が戻るはずだったベトナムだが、その後、日本でもボートピープルの報道が続いたように、難民という新たな問題も生まれていた。映画は、その後のボートピープルたちを描いたものとなる。

五十嵐は、日本人の役者がベトナム人を演じるのは無理があると考え、実際にベトナムから来たボートピープルの青年たちに演じてもらおうと考えていた。

しかし、プロデューサーの猛反対にあっても、簡単には諦めなかった。いや、諦めるわけにはいかなかった。ベトナムで出会った多くの人や結婚を断念したトゥアンのことを思い出しては、踏ん張った。


そのうち、群馬県前橋市にあるベトナム難民の支援を行っている社会福祉法人「あかつきの村」にベトナム人のコミュニティがあることを知るんです。すぐにカメラ持参で訪れて、1軒1軒まわって事情を話していると、「イガラシという日本人映画監督が出演者を探している」という話が伝わって、早い段階で、まず男性主人公候補のふたりが見つかったんです。すぐにカメラに向かって喋ってもらったりして、それを増田さんたちに見せたら先日の態度は一変して、

「おっ、こんな子たちがいるの」

と驚いているようでした。つまり、ベトナム語はもちろんだけど、日本語もそこそこ話せる青年たちだったんです。これが、大きかった。この、きっかけを作るのが大事なんですね。

そこから、映画がどんどん動いていく。

僕も含めて、みんな、ボートピープルという存在が、どういう人たちかわからないわけじゃないですか。実際に会ったら頭も切れるし、日本語も話せる。プロデューサーも、これ、イ

ケるかもとなって、俄然乗り気になって、そうするとヒロイン役にぴったりの少女もじきに見つかる。

僕自身、ベトナム語も継続して習いながら、主役候補たちの家を訪ねたり、モチベーションを保つためにベトナム料理を食べ続けたり。

その後、配給も、アルゴ・プロジェクトがやってくれることになりました。


アルゴ・プロジェクトは、当時の閉塞した日本映画界に風穴を開けようと、プロデューサーが集まって'89年に組織され、映画の製作、配給を行うアルゴ・ピクチャーズという会社を立ち上げていた。この映画の製作を担った増田も、その立ち上げメンバーのひとりであった。

当時はメセナ（企業の芸術文化支援）も盛んな時期で、サントリーの協賛も決まった。日本社会が、いわゆるバブルに湧いていたなかでの製作だったのも追い風となった。

初めての35ミリ劇場映画作品とあって、スタッフも、脚本に『ロックよ、静かに流れよ』（'88）の北原陽一、撮影に『コミック雑誌なんかいらない』（'86）の志賀葉一、美術に『シコふんじゃった。』（'92）の部谷京子ら、実力者が名を連ねている。

出演する日本人の役者も、前作に続き室田日出男や、この後には五十嵐作品の常連となる寺島進の名前もある。

きっと僕が劇映画は初めてなんで、プロデューサーとしては、まわりをベテランで固めてくれたんだね。役者も、主演以外は多くをプロデューサーが決めてくれました。ただ、友情出演の室田さんと寺島進さんは、僕を通じてでした。室田さんは、今度も快く応じてくれました。寺島さんはまだ東映の大部屋俳優で、いちばんギラギラしていたころかもしれない、やたら喧嘩っぱやくて（笑）。

当時は、僕自身がベトナム病にかかっちゃっていたから、とにかくその国をテーマに映画にできればよい、といった自分勝手な思いもあったかもしれません。ベトナム人たちがイキイキと描かれればそれでいい、と思っていました。ですから、反省も多い映画なんです。「日本で生活しているとはいえ、ベトナム人同士なのに、日本語を喋るのはおかしい」といった批判も、けっこう多かったです。自分で観ても、やっぱり不自然な感じがあったと思います。そこは、大いに反省している点でもあります。ただ、映画作りを通して明確に見えてきたことがありました。

ボートピープルに対する固定したイメージが日本人の中には、自分を含めてあったと思うんです。あのニュース映像の、船底の中に押し込められている人たちという。でも、実際にボートピープルの人たちとふれあうと、その家族ごとに背景が違っていたりするのがわかる。

また、そもそも、なんでベトナムは戦争をするのか、なんでカンボジアの人たちと憎しみ合うのかということも、さかのぼって歴史を知らないとわからないことがある。

現代の沖縄の基地問題などにも通じますが、やはり、長い歴史を勉強する必要性というのを、僕自身、この映画作りを通じて痛感させられるんです。物事の根っこを知る大切さ、ですね。

たしかに、われわれ日本人はボートピープルというと虐げられた人と見なしがちだが、映画の中のヒロインであるベトナム出身のランも働きながら大学に通うという、いわばたくましさも身につけている女性として描かれていた。

ボートピープルで日本にやってきて、医者になったトラン・ゴク・ランさんというベトナム人女性がいるんです。彼女が言うには、「私たちは、岸壁の上に立つ松ではなく、風にそよぐ草でありたい」と。フランスはじめアメリカや日本、中国から侵略や支配されたりしていろんな強い風が吹くんだけど、松のようにポキッと折れるのではなく、根っこがあるから、そよぐだけ、けっして折れない。

僕は映画を作るときに、あまり主義主張やメッセージでガチガチに固めたくはないという思いもあるんですが、そういうベトナムの人たちの根っこの強さみたいなものは表したかったんです。

映画のラストシーン。ベトナムの青年が大地を蹴って走ろうとする瞬間がストップモーションで描かれる場面は、何かが始まる予感に満ちていた。五十嵐の、彼らへの、大好きな国ベトナムへの温かなメッセージが込められているのを感じた。

だから、僕自身、『ナンミン・ロード』が終わっても、まだずっと気持ちのなかでベトナムが燃えているわけですよ。だって、全編国内での撮影で、ベトナムでは一度もロケしてないわけですから。最初の5時間のシナリオでは、冒頭のシーンは難民キャンプからで、3人の幼い彼らが審査官から『どこの国に行きたいか』と聞かれるところから始まっていた。あれは、向こうで撮りたかった。

まあ、そうやって、なんとか海外で映画を撮りたいなぁと思っていると、本当に沢田教一さんの映画の話が動き出すんです。

第 4 章

『SAWADA』
『地雷を踏んだらサヨウナラ』

戦争と向き合う

中学1年で沢田教一と出会う

最初、『SAWADA』じゃなくて、『Dear,S——僕の沢田教一への旅』というタイトルにしようと思ってたんですよ。もう一つ、『ファミリー』というのも考えた。沢田さんとサタさん夫婦もそうだけど、ピュリッツァー賞の『安全への逃避』の母子たち、もちろんカメラマンや記者同士も戦場では家族的な絆で結ばれていたりするから。

まあ、タイトルはよしとして、まず海外ロケに出る前に、資料にするつもりでシナリオを書きました。ジャングルの中での撮影用に、シナリオをパウチ加工までしたりして（笑）。初の海外ロケを前に、力が入ってたんだよなぁ。

'21年4月頭のストームピクチャーズの事務所。世の中は、コロナ禍の真っ只中。五十嵐の映画も依然として止まっているタイミングで、その期間を使ってのインタビューが続いていた。ちょうど、彼にとって最初の海外ロケ作品で、キネマ旬報文化映画ベストテン1位、毎日映画コンクール記録文化映画賞など、多くの賞も取って高い評価を得るドキュメンタリー映画『SAWADA』についての話題となったときだ。小ぶりの段ボール箱を持ってくると、その中から古びた撮影のための準備ノートを取り出して、表紙裏に貼り付けたピュリッツァー賞カメラマン・沢田教一の、例の少し斜にかまえながら、どこか内面の自信がにじみ出たようにも見えるヘルメット姿のポートレートを懐かしそうに眺めながら話し始めた。

沢田さんのことは、ずっと頭にあったけど、本格的に映画にしようと思った大きなきっかけの一つが、ドキュメンタリー監督のロバート・フラハティの言葉でした。

ほら、撮影準備ノートの冒頭にこうやって書き写してある。

『ちょうど露光されていないフィルムに陰影を刻み込むように、来るものすべてを受け入れて、自分の心に刻み込むのです。そうすれば、真実はやってくるのです』

つまり、まったく知らないということをわかる、ってこと。資料を読むとわかったつもりになるじゃないですか。しかし、わかってないということを、僕もわかっておこうと思ったんです。そして、沢田さんに、少しでも近づこうと。

もちろん、とことん資料を集め、目を通すという作業は、それと矛盾しません。さらにいろんな資料を見ていくうちに、沢田さんがライカのM2、M3、M4の3台を使っていたとか、カメラケースの重さはこうだったんだとか、多くのことが徐々にわかってくるんです。

『Dear, S』の〝僕の沢田教一への旅〟という副題からは、すごく私的な、もっといえば内省的な印象を受けるが、実際、五十嵐と沢田の間には不思議なつながりがある。

ベトナム戦争など最前線で戦場写真を撮り続けていた'66年、『安全への逃避』によりピュリッツァー賞を受賞したカメラマンの沢田教一。『安全への逃避』は、ベトナム人の母子が戦火を逃れて張りつめた表情で川を渡る光景を捉えた、有名なモノクロ写真だ。沢田は、その後もロバート・キャパ賞を受賞するなど国際的に活躍していたが、'70年10月28日、カンボジアのプノンペンの国道2号線上で銃撃に遭ったとされ、この世を去っている。34歳だった。
そして、その沢田の生涯をドキュメンタリー映画『SAWADA』に結実させた五十嵐。両者の出会いは、実は五十嵐の少年時代にまでさかのぼる。

中1のときに学校の図書館で、偶然、手に取ったのが『戦場』(毎日新聞社刊)というタイトルの沢田さんの写真集だった。ページをめくった瞬間、なんだこれは、と思ったのを覚えています。といっても、そこにある戦争というテーマに関心を持ったとかいうことではなくて、あの写真の持つザラザラとした質感に感動したというのが、本当ですね。
それより驚いたのは、先生が教えてくれた、「この人は青森の人なんだ」という事実。彼の生まれが私が幼いころに過ごした青森市内のすぐそばの人だとわかるんだけど、なんで、この田舎で自分の近所に住んでいたような人が、こんな遠くのベトナム戦争の写真を撮っているんだと。そっちの素朴な疑問というか衝撃は、ずっと消えずに続くわけです。

五十嵐の生まれる3年前の'55年にベトナム戦争が始まり、戦場をライカを手に駆けずり回っていた沢田の突然の死が’70年10月、遠く離れた彼の故郷の青森で、中学生の五十嵐が写真集『戦場』を見た1年前のことだった。

そうした事実も、戦争も知らないまま育ち、やがて映画監督として沢田と再会したとき、彼は、沢田の享年と同じ34歳になろうとしていた。

「同じ青森に生まれた沢田さんの34年の人生を、今、34歳の僕が旅をして、その関係がどう変化していくかが大事なんだ」

撮影がスタートした1992年、彼はスタッフはじめ出会う人たちに、自分がこの映画に賭ける思いを、そう語っていたという。


『ナンミン・ロード』のあと、本当は『ライカでグッドバイカメラマン沢田教一が撃たれた日』を劇映画でやりたかった。実際、作者の青木冨貴子さんやプロデューサーの奥山和由さんに話を持っていったりもしました。

ただ、劇映画で海外ロケとなると、数億という莫大な予算が必要になる。無理して、あまりにチープにやっちゃうと、沢田さんにも悪いし。同時に思っていたのは、沢田さんの写真そのものを、きちんと見せるものを作るべきじゃないかということでした。すでにベトナム戦争を描いた映画は、僕も好きな『タクシードライバー』(’76)や『ディア・ハンター』(’78)などいくつもあったし。

じゃ、自分なりに対抗、勝負するにはドキュメンタリーでいこう、というふうに思ったんですね。そこから、資金集めとなります。

『ナンミン・ロード』が終わって、正月に青森の実家に帰省したときでした。たまたま青森の東奥日報という地元紙の年頭談話で、みちのく銀行頭取の大道寺小三郎さんの記事を読んで、おもしろい人だなと思ったんですよ。おもしろいというのは、東北の地方銀行の人がソ連とか香港に支店を出そうとしていたりして、とてもグローバルな視点を感じました。もう一つ、沢田さんの映画で出資を呼びかけるために最初に声をかけるなら、東京の会社ではなく、地元青森の企業からということも考えていました。

青森の銀行頭取に『SAWADA』製作を依頼

大道寺に手紙を送ると、1週間もしないうちに秘書から連絡が届いた。これまで会ったことのない頭取というポストの人物との対面に、いささか緊張した口ぶりで一気にまくしたてた五十嵐だった。

僕は、映画監督をやっているという自己紹介を終えると、

「同じ青森県の出身で、沢田教一という世界的な名声を得ているキャメラマンがいます。私は沢田さんを尊敬していますが、彼の変化の多い、けれど短い人生について記録的な映画を

作りたいと思っています。ところで、頭取は、沢田さんを知ってらっしゃいますか」

と聞いたんです。そしたら、大道寺さんから思いがけない返事がありました。

「知っているどころではありません。実は娘が香港にいて、記者ではないんですが、ＦＣＣ（香港外人記者クラブ）のメンバーにもなっていて、私が香港に行ったときには、ＦＣＣのレストランで壁に飾られた沢田さんの『安全への逃避』を見ながら食事をしたもんです」

その日のうちに、みちのく銀行が製作を担い、資金も提供してくれることが決まりました。決まるときというのは、そんなもんなんです。もちろん、逆もあるということですが。


ときには、映画のための調査費として１０００万円もの金額をポケットマネーから提供するスポンサーもいる。映画に自分の夢を託すということだろう。

最初に映画の企画趣旨を理解して、ポンと資金を提供してくれる人や企業が現れることで、そのよい流れが周囲にも及び、映画作りが一気に加速するパターンが多いという。こうした資金のことを「エンジェルマネー」というのを、今回の取材のなかで初めて知った。言い得て妙、である。先の『津軽』の際の上板東映の小林さんの１００万円も、制作再開時のこととはいえ、エンジェルマネーには違いない。

続いて、遺族側の許可を取る。この場合、沢田の妻であるサタが健在で、当時、弘前市に住んでいたのですぐに会いに行った。

サタさんは同じ青森の人間だからということで、応援どころか、すべて任せてくれました。写真、手紙、ネガ袋まで、あらゆる手持ちの資料を見せてくれて。その5年前にも、一度、映画化の話があったということも聞きました。これは、気を引き締めてやらねばと。

それからサタさんの承諾を得て、2万点もの沢田さんの撮った写真を1枚1枚ルーペを使って見ていきました。驚いたのは、1枚としてピントや露出のズレた写真がなかったこと。あの過酷な環境の戦場で撮影されたにもかかわらず、です。沢田さんは、やはりカメラマンとしてのスーパープロフェッショナルだったんです。改めて、これらの写真はきちんと見せなきゃいけないと思うんです。

その時点で、映画にしたときに、沢田さんの写真はトリミングなしで使うこと、なるべく音楽を乗せないことを自分のなかで決めました。

また、サタさんから借りた沢田さんのライカのカメラを持って、ロケハンにも行きました。沢田さんの亡くなったと思われる場所辺りに立ってシャッターを切ったり。まあ、何も写ってはいないんですが、そういう行為によって引っ張られるというか、気分を高めていきました。

僕は、亡くなっている人を撮ることが多いので、難しいことも多い。生きている人は見たり聞いたりもできるじゃないですか。でも、亡くなっている人は資料や著書を読んだり、それで想像するしかない。また調べると、わかった気持ちになるんですよ。しかし、わかるわけなんかない、他人なんだから。だから、ロケなども、自分がわからないということを改めて確かめにいくという部分も大きいと思います。

資料の読み込みなどと同時に、沢田を知るジャーナリストたちへの取材申請が始まる。誰に会えて、どんな話を聞き出せて、そこからいかに沢田の素顔に迫るか。そのことが、映画の正否のカギを握るともいえた。アメリカ、ベトナム、カンボジア、イギリス、香港、韓国など、海外を1年以上かけてロケしてまわり、結果としてインタビューできたのは、カメラマンやジャーナリストの仲間など約20人だった。まず、何より大変だったのが、常に海外を飛び回っているジャーナリストたちの居所をつかまえることだったという。

撮影準備ノートに、「もし沢田が生きていて、逆にあなたが死んでいたとしたら、沢田は死んだあなたのことをどう言うだろうか」などと、想定されるインタビューの問いが書かれています。

さらに、「取材を受けたということは、基本的に相手は話したいんだ」「自然体で、相手の話を聞いてあげる柔軟性が必要」なども。他には、「貧乏臭くなるな、豊かでいろ」と。これは予算が少ないと映像が貧乏臭くなるから（笑）。さらに「通訳は下手でもふたりつける」とか、「キーパーソン以外は8ミリのハイエイトで撮る」とかの予定もありますが、なかには実現してないこともあります。

驚いたのは、彼らのほとんどが、沢田さんが亡くなって四半世紀も経っているのに、いまだ現役で記者やカメラマンをしていたこと。そうなると、メールも携帯もないころですから、連絡する先は彼らの所属先の通信社などの固定電話やファクスが主でした。もちろん、国際郵便で手紙も書きました。しかし、どれだけが本人の元に届いていたか。

それくらい、アポイントを取るのが大仕事でした。昨日はアジアにいると聞いたのに、もう今日はイラクやアフガニスタンに行っていたりで。だから、会えるとなったら、すぐに格安航空券を取って、最小限の人数で現地に飛びました。

ただ、きちんと連絡がついた人からは、すぐに返事が返ってくるんです。「わかった、協力するよ」と。そのことだけでも、沢田さんがいかに仲間から尊敬されていたかがわかりました。

事前に、話を聞く順番を決めていました。いちばん最初と最後は、沢田さんを人として愛していた人物にしようと。最初は、沢田さんの亡くなる日まで一緒にいた、ニュージーランド出身でフランスの通信社ＡＦＰの女性記者のケイト・ウェッブで、最後は妻のサタさん。その間に、一緒に前線で取材活動をしていた人たちの話を聞いていこうと。

「死ぬよりも生き残るほうがつらいこともあるのよ」

最も忘れられないインタビューは、最初に会ったケイト・ウェッブだった。今では自身の名を冠したジャーナリストへ贈られる賞を持つカリスマ記者だが、当時はＡＦＰのソウル支局長。彼女からは、何度もアポをすっぽかされた。

これは、逆に、沢田さんに対して深い感情をいまだに抱えているに違いないと直感するんです。その後、ようやく飲み屋で会えたんですが、彼女はやたらと僕に酒をすすめてきて、肝心な話をはぐらかそうとしているのがわかる。僕は飲むふりをしながら、ときにはコップの酒をこっそり床にぶちまけて、なんとか自分は酔わないようにして、あとは、わざと自分は何も沢田さんのことは知らないから教えてほしいという体で、話を聞き続けました。

うちのメンバーは、僕とキャメラマンと録音と通訳だけ。もちろんこちらが店の支払いもするし、事前には「お好きな場所で」と聞く。すると、「行きつけのバーで。右から3番目のテーブルで待つ」などと返ってくる。この、いきなりインタビューではなく、まずは食事などをして雑談しながら心を開いてもらうというやり方は、兼高かおるさんとの海外ロケで学んだことです。

サワダは戦争を撮ったのではなく戦争がもたらしたものを撮った

カメラマンの堀田泰寛は、この映画の数少ない海外ロケの同行スタッフだった。五十嵐とは、岩波映画時代に五十嵐の師匠の四宮らを通じて知り合い、この『SAWADA』で初めて組んだ。

「ドキュメンタリー映画のインタビューというのは、聞き手の実力が試されるわけですから、監督も記者たちと話をするときは、かなり緊張していたように見えました。特に、ケイト・ウェッブさんのとき。僕までビールをすすめられ迷いましたが、それで彼女の話が少しでも進むならばと、思い切って飲みましたよ。

監督から、具体的にこう撮ってくれという要求はありませんでした。ただ、『この映画を死んだ沢田さんに見せたい』と何度か呟いた言葉が、自分がカメラを構えるときの姿勢のヒントとなりました。カメラの位置は、相手が警戒感なく話せる距離という条件だけ。

ただ、私は、画面の中では必ずどこか一カ所に暗部を作るようにしました。その闇は、取材対象者が抱えるベトナム戦争の記憶の彼方を象徴してくれると考えたんです。ベトナム戦争を語るときに、明るい現実はありえないだろうと思っていましたが、それが極端に現れたのがケイトさんでした。自宅での撮影では、彼女の背後にある部屋に暗部を作りました」

一流のジャーナリストであるケイトは、ひと目で相手を見抜く才を持ち合わせていたようだ。知らないといいながら、自分の話す沢田の足跡やベトナム戦争の歴史について的確に相槌を入れる五十嵐に対して、彼女は徐々に心を開いていった。プロとして、沢田という人間を知りたいんだという、彼の覚悟を認めたということだろう。

僕自身、彼女には自然に尊敬の態度で接していたと思います。それは、撮影を彼女のアパートで行ったとき、何もない部屋にファクス電話と起き抜けの毛布だけがボソッと置かれているのを目にして、素直に感動したからです。いつでも連絡を受けて現場に飛び出していける生活を普段からキープしているんですね。これこそ真のジャーナリストだと。

腹をくくって話をし始めてからわかりましたが、戦争を命がけで取材してきた人というのは、ちょっとディテールをつついたり、持参した沢田さんの写真を1枚見せるだけで、ファーーッと記憶がよみがえるんですね。僕は『島守の塔』で沖縄戦の体験者からも話を聞くことがありましたが、同様に、何かのきっかけで話し出すと一気に言葉が出てきて、またそれがリアルなんです。

ケイトは、沢田さんについても、「彼はイデオロギーに汚されない純粋で公平な目でファインダーを覗いていた」と言いました。

そして、取材も終盤となったとき、こんな言葉をぽつりと呟いたんです。

「死ぬより生き残るほうがつらいこともあるのよ」

ああ、この人は、死とも隣り合わせの戦場で、本当に沢田をひとりの男性としても愛して

UPI通信記者のスティーブ・ノサップ。自宅のあるニューメキシコ州・サンタフェにて取材。ジャーナリストとしてライバル関係にあった沢田との出来事を昨日のことのように語った

いたんだ、そう感じ取った瞬間でした。

沢田さんと同じくピュリッツァー賞カメラマンのエディ・アダムスは、ニューヨーク郊外の彼の別荘でインタビューしました。

ライバルであったはずの彼の家の庭には、沢田はじめインドシナ戦争などで亡くなった仲間たちの名を刻んだ慰霊碑がありました。ときに涙ぐみながら、「ああ、あのときオレは○○にいて、サワダは○○にいたよ」と、即答で返ってくる。生き死にの極限状況をともにした結果、人同士のつながりは家族のように深くなっていくのでしょう。

沢田さんとコンビを組んでいたＵＰＩ記者のレオン・ダニエルは、こんなエピソードを聞かせてくれました。迫撃砲が炸裂したあと、彼と沢田さんの頭上から、さっきまで冗談を言い合っていた中尉の肉片がバラバラと落ちてくる。「そのとき初めてサワダが震えているのを見た」と。それまではクールと思われていた沢田さんがです。

一方では、「戦場報道とは、スキーとかセックスみたいなものでワクワクする」と語る人もいた。またある人は、戦場ジャーナリストについて、「カミソリの刃の上をいくカタツムリみたいなもの。あっちに落ちれば死に、こっちなら生きる」と、そして、「そんな極限にいる自

分にワクワクする」と。

そんな彼らが口を揃えていうのが、「サワダは最高のプロフェッショナルだった」ということでした。そして知るのは、ケイトはじめ、多くの人が同じ思いを今も抱えて生きているという事実でした。

どの人も、生き残った人たちは〝ラッキー〟ではなく、その後の人生、負い目を感じながら生き、ある者は取材を続け、ある人は写真を撮り続けていた。彼女、彼らのベトナム戦争は、まだ続いていたんです。

レオン・ダニエルは、沢田さんの写真について言いました。

「サワダは、戦争を撮ったのではなく、戦争がもたらしたものを撮ったんだ」

沢田の写真が持つ独自のユニークな視点を、五十嵐は、自身の最新作『島守の塔』を撮るときに、「戦争そのものではなく、戦争がもたらしたものを撮る」という基本姿勢として、たしかに受け継いだのである。

本物のジャーナリストたちと幾人も出会って、現場ごとに、いつも自分を試されているような気がしていました。クセのある人、気難しい人、逆に心を開いて話してくれる人がいたり。彼らとはその瞬間、瞬間で向き合っていたように感じるんです。自分も熱くなっていました。

すべてのシーンを撮り終えてから編集作業に移るまでには、また半年くらいの期間が必要でした。ドキュメンタリーは1回撮ると、少し頭を冷まさないとフィルムを客観的に切れない、つまり編集できないんですよ。

ドキュメンタリー映画は、編集が命ですから。かつての助監督のつてで、長野の山の上にある閉鎖されたドライブインをタダで借りました。ガスも水道もなし。『SAWADA』で撮った何十時間ものフィルムを担ぎ、そこにこもってひたすらひとりで、観続けました。でも簡単にハサミを入れることはできなかった。フィルムに血が通っているんですね。

編集も僕がやって、そこに師匠の四宮さんにアドバイスをもらったり。その四宮さんのコネで、ドキュメンタリー映像制作会社のグループ現代でスタインベックという編集の機材を借りて、そこで16ミリを切ったり貼ったりしました。最終的に、配給もこのグループ現代が行うことになります。

『SAWADA』で悩んだのは、沢田さんの写真を何秒見せるか、ということ。小津（安二郎）さんも、物語に挿入される廊下などの実景のカットの長さを、奇数の秒数で決めていましたね。僕も、5秒4秒3秒にするのか、5秒5秒5秒にするのか、かなり悩みましたよ。

それを、最近のネットやスマホなどで映画を観る人は、早送りするっていうでしょう。映画って、〝間〟にはとことんこだわりますから、それやられちゃうと、僕らはしんどいですね。

映画のサイズをスタンダードにしたのは、沢田さんの写真、ライカのサイズに似るようにしたかったから。本当だったら、アメリカンビスタの横長サイズになっていたと思いますが、そこもこだわりました。ナレーションも、自分でやりました。

いろんな人の証言を一つひとつの珠、ビーズのようにして、それをつなげて曼陀羅を作り、いろんな方向から光を当てながら、沢田教一という人を表現しようと思っていました。今回の『島守』の島田さんや荒井さんもそうですが、光の当て方で、人って変わりますからね。だから、証言一つを、どういう順番で使うかということも真剣に考えました。たとえば、沢田さんのことをよく言っている証言と否定的に言っている証言を、順番を変えるだけで、その印象はぜんぜん違ってくるんですね。そこは、本当に気をつかったところです。

「負い目」が沢田を育てた

映画『SAWADA』の取材や撮影を通じて、当初、想定していたものとは違う沢田教一像が浮かび上がることも多かったという。

奥さんのサタさんに質問したんです。沢田さんと一緒にいて、いつがいちばん幸せでしたかと。僕は、ピュリッツァー賞を受賞した後の、大統領主催のホワイトハウスでのサミー・ディビス・ジュニアショーに、一緒に行ったときなどの答えが返ってくると思っていました。

すると、言うんです。「三沢のＰＸショップの写真店でふたりで働いていて、これから東京に出ようというとき」と。なんとか彼を世に出そうとして、いわば一流に仕込もうとしたのが、ひと回り近く年上のサタさんだった。なんの賞を取らなくても、ふたりで何事かを成し遂げようとしていた途上がいちばんの幸せだった。切ないことなんですけど、やっぱりおもしろいのは頂上ではなくて途上なんだと。

ピュリッツアー賞受賞作『安全への逃避』で、母親と一緒に川を泳いで、必死に逃げていた少女を探し出して取材した

ベトナム戦争とカメラとサタさん。この3つのトライアングルが、沢田さんをポーンと上のステージに導いたように思います。たまたまベトナム戦争がある時代で、最初は遺体ばかり見ながらどんどん寡黙になっていって、まわりからはプロ意識はすごいけれど冷酷にも見えて、人とあまり言葉も交わさないような男だった。それが、戦場体験を重ねるなかで人間としても変わっていって、やがて仲間に「メシ、行こう」と話すようになる。そんな、人間的成長を促したのも、やっぱりベトナム戦争だったかもしれません。戦争が沢田さんにもたらしたもの、とも言えます。

沢田さんも、サタさんにだけは、「死体を見ることが当たり前になっていくのが怖い」「戦場カメラマンと呼ばれるのは好きじゃない」と、本音を語っていました。

本来なら、長男の沢田さんは、青森で弟や妹の世話を担う立場にあった。でも、写真と出会ってひとり外国へ、それも戦場へ出ていく生活を選んだ。その負い目こそが、彼を国際的に活躍するカメラマンに育てたのだと思いました。そうやって、故郷の人たちに自分を認めてもらいたかったんじゃないでしょうか。その手段として、あの時代を生きた彼にはベトナム戦争があった。

沢田さんの本質、故郷への思いを感じたのは、2万点の写真を見ていたなかで、過酷な戦場の写真に混じって、突然、同じネガのなかで切り替わって、子供の笑顔や、なんでもない田んぼの写真があるんです。特に、その田んぼを見たとき、僕も同郷ですから、「あっ、これは青森の光景だ」と思いました。


五十嵐がプロとして仕事をするなかで、大切にしていることがある。それは、先の話にも出てきた「負い目」だ。互いに社会人になったころ、突然、こんな質問をされたことを思い出した。『ゴッドファーザー』シリーズのオールナイトを一緒に観たあとだったかもしれない。

「堀ノ内。ヤクザ映画をハリウッドに持っていくとき、義理という心情を外国人にわからせるのが、いちばん大変なんだ。アメリカには存在しない概念だから。で、なんて訳すと思う？〝負い目〟だよ。これは、すごい訳だと思うし、その負い目って、オレたちが生きていくなかでけっこう大切かもしれない」

撮影をさせてもらって当たり前、取材で話を聞かせてもらって当然ではなく、いつも協力してくれる人への敬意と感謝を持たなければならない。負い目のない人間には、相手も心を開かない。社会に出て、マスコミの一端で仕事をするようになったとき、五十嵐に聞いたこの言葉は、いつも自分の胸の奥底にある。

『SAWADA』はテアトル新宿などで公開され、上映期間中には朝日新聞の「天声人語」で紹介されるなど徐々に評価を高めていく。結果として、'96年度のキネマ旬報ベストテン第1位（文化映画部門）、毎日映画コンクールグランプリ（記録文化映画部門）などを受賞。また、2020年には沢田の没後50年に合わせて恵比寿の東京都写真美術館でこの映画が再上映されるなど、現在でも高い評価を続けている。

公開前には、『ツィゴイネルワイゼン』（'80）などで知られる鈴木清順監督も作品を見て、「おもしろい」と感想を述べたそうだ。当初、副題にあった、五十嵐による、沢田教一への旅も無事に終わろうとしていた。

鈴木清順監督は、大道寺さんの旧制弘高の同級生という縁でした。清順監督からの言葉も含め、その後にいろいろいただいた賞に関しては、努力賞的なものだと思っています。ドキュメンタリーって、作品を作っているんだけど、自分をドキュメントしているんですよね。自分が見えるし、そのときの。

自分の人生の切り売りじゃないですが、一緒にこの映画と生きてきたという感じがするんですよ。劇映画は、最初から離れているというか、客観的にしないと、できませんから。でも、ドキュメンタリーって、自分が試されている瞬間の連続で、ほんとにきつい、もういいかなって（笑）。

だから、『SAWADA』の試写会のあとに講演や挨拶をするときでも、観客と一緒に映画を観たあとには、途端に話せなくなったりしたこともありました。あまりに、いろんなことがバーッと自分の中に入ってきちゃって。

もっと客観的な王道のドキュメンタリーってあると思うんですが、『SAWADA』は、すごく私的なドキュメンタリーになっていたと思います、僕の場合は。

やりたいことに突き進んだ一ノ瀬泰造

続いて五十嵐が映画の題材に選んだのは、奇しくも、沢田と同じ戦場カメラマンだった。

沢田さんの撮影を始めたときには、一ノ瀬泰造の名は知りませんでした。そのロケのなかで、ロンドンで会ったホルスト・ファースという、2度ピュリッツァー賞を取ったAP通信のカメラマンが、

「ところで、TAIZOを知ってるか?」

と尋ねてきたんです。沢田さんのことは〝SAWADA-SAN〟とさん付けなのに、泰造は呼び捨て。まず、そこでおもしろいなと思って、帰国したときに、その一ノ瀬泰造について調べ始めたんです。ですから、沢田さんの映画の編集作業と泰造の調査をしていた時期は重なっています。

五十嵐自身の言葉も、彼の郷土のヒーローでもある沢田はさん付けで、一ノ瀬は呼び捨てなのが、その距離の近さを窺わせる。この親しみやすさが、映画になったときに、若者たちを惹きつける要因の一つとなったのだった。

また、わらしべ長者ではないが、五十嵐が次作と出合うきっかけは、このときのように、人から紹介されるパターンが多い。『みすゞ』や『二宮金次郎』もそうだし、今回の『島守の塔』も、「こんな人を知っているか」という、周囲からの何気ない言葉から始まっていた。そのとき、本人にも「この人はイケそうだ」との直感も働くのだろうと思ったが、しかし、後述するが、そうばかりでもないらしい。

一ノ瀬泰造は１９４７年、佐賀県武雄市生まれ。日本大学芸術学部写真学科卒業後、ＵＰＩ通信社東京支局で働く。その後、フリーとなり、ピュリッツァー賞を取った沢田に憧れて、ベトナム戦争の戦火がカンボジアへと拡大していった'72年からインドシナ半島で従軍カメラマンとして活動した。

五十嵐が、まず文献などに当たっていくと、戦場での絶好のシャッターチャンスに気持ちが先走り、シャッターを押し続けたもののフィルムが入っていなくて地団駄を踏んだというエピソードもあった。

しかし、泰造は、沢田を超えるには彼以上の大スクープをものにするしかないとの思いで、'73年、当時、クメール・ルージュ軍の支配下にあった、取材は許されていないアンコール・ワットに単独潜入し、消息を絶った。26歳だった。

戦場カメラマンがフィルムの入れ忘れなんて、おっちょこちょいといいますか。スーパープロフェッショナルだった沢田とは違う、人間らしい〝スキ〟に惹かれました。

1997年、まず手紙を差し上げたあと、出身地である佐賀の武雄に暮らすご両親に会いに行きました。近くの温泉街に宿を取って。

息子の残した写真をワンカット、ワンカット、きれいにファイルして保存しているのを見せてくれて、それだけで、泰造がすごく家族に愛されていたとわかったんです。何度か通ううちにメシをご馳走になったり。彼が亡くなる前にカセットテープに残した『さくらさくら』の歌声を聴かせてもらったり。その、無垢な肉声にふれたのも大きかった。

あるとき、窓を開けて、そこから見える御船山を見ながら、お母さんが言うんです。

「泰ちゃんは、よくあの山の上から『オーイ』と手を振ってくれたんですよ」

で、僕も登ってみた。すると、本当に山の上からお母さんの姿が見えたんです。なんだか、息子になったような気分にもなっちゃって。そんな明るさ、おおらかさに惹かれて、自分自身が楽しくて佐賀に通い続けました。

「なぜいまごろ戦争映画なのか?」と企画段階で総スカン

もちろん、彼の残した著書『地雷を踏んだらサヨウナラ』も読んだ。

のちには映画のタイトルにもなるこのフレーズは、泰造の手紙の一文だ。その手紙を送った彼の親友の赤津孝夫さんにも会いに行くと、その人がぽつりと言った。

「泰造というのは、自分を映画の主人公みたいに思ってた男なんですよね」

どういう意味だろうと、訝しく思った五十嵐だったが、彼の著書を読み返していると、ある文章に行き当たったという。

要約すると、こんな記述でした。泰造と知り合いになっていたシェムリアップの子供がロケット弾で死んだ。そして、彼は夕日の中をハーモニカを吹きながら歩き去っていったと。日記の一文なんですが、明らかに嘘というか、脚色されていますよね。要するに、彼は自分を昔の日活映画の主人公みたいに思って書いてるんですけど、そこには現実にはそうはなれない悲しみも含まれているように感じて。本人がもともと自分を演じるタイプだとしたら、だったら物語にしても怒らないんじゃないかというのがあって、最初はドキュメンタリーのつもりだったのが、劇映画にできないかと考え始めました。

もう一つ、劇映画にしたい理由がありました。泰造の映画は、若い人に見てもらいたいという思いが最初からあったからです。自分のやりたいことに突き進むという、その生きざまを知ってほしかったんです。

けっして、世の中の若者を甘っちょろいなんて思っていたわけではないんです。それより、簡単に言うと、嫌いな人は撮れないんです。泰造も、沢田さんも、すごい魅力的な人だったから、自分にとって。それをスクリーンを通じて伝えたかった。あとは、あの本のタイトルも素敵だったし。

ところが、五十嵐が勇んで、知り合いやツテを頼ってあちこちに話を持っていくが、いわゆる総スカン状態だったという。会う人のすべてが、同じことを言った。

「ほとんど無名のカメラマンの映画なんて、誰が観るんだよ」

「なんで、今、戦争映画なの?」

日本社会は、すでにバブルは弾けていたものの、'98年にはサッカー日本代表のW杯初出場があったり冬季長野オリンピックが開催されたりと、戦争の危機感とはほど遠い雰囲気にあった。

そこへ名乗りを上げたのが、松竹の映画プロデューサーとして北野武監督の『その男、凶暴につき』（'89）や竹中直人の『無能の人』（'91）などの話題作を手がけていた奥山和由だった。当時は、すでに松竹を退社して「チームオクヤマ」を設立しており、そのチームの第1弾作品として『地雷を踏んだらサヨウナラ』を進めることとなった。

続いて、泰造役に抜擢されたのが、ブレークし始めていた浅野忠信だった。


僕は、戦争映画を撮りたかったんじゃないんですよ。泰造はカメラで生きていた。じゃ、君は本当の人生を生きているか、生きるための何をしているのかと。泰造がカメラを手に戦場を駆け抜けた日々を通じて、つまり、泰造の死を通じて生きることを問いかけたかった。

日大で'70年前後を過ごしていた泰造は、大学ではみんなが学園闘争などをしていたときに、自分の意志でカメラを持ってカンボジアに行く。その生きざまが、映画の公開された'99年ごろの若者には、かっこよく見えたのじゃないでしょうか。

だから、若手で、これからという浅野忠信君に演じてもらいたかったんです。会ってみて驚いたのは、泰造の死んだ日と浅野君の生まれた日が、同じ年のほとんど同じ11月後半だったんです。泰造の死んだ日は、はっきりしませんので。で、「これは運命だ」となって。

でも、最初、本人は嫌がってたのかな。あのクソ暑い環境のなかで、ヘルメットを被っての撮影となるのがわかっていたから。しかし、そこは誕生日の不思議な縁で、やがてニコンのカメラを数十万出して銀座のカメラ屋で買って練習し始めるんです。その後、武雄にも連れていき、お母さんにも会わせたりして、だんだん役に入っていくのがわかりました。

そしてタイでのロケが始まりますが、浅野君が、その初日に倒れちゃうんです。

バンコクのカンチャナブリという『戦場にかける橋』('57)の舞台としても知られる場所の、撮影用に借りた田んぼ。クランクインして、まさに最初のカットだった。

「よーい、スタート!」

監督の五十嵐の合図で、撮影が始まる。サバンナ気候特有の生い茂ったブッシュ(藪)からAK47の自動小銃でダダダダダッと撃ち始めるポル・ポト兵。背後から米兵が撃つM16の射撃音。そこを浅野がキャメラに向かってニコンを手にダダーッと走ってくる。

「ワーーーッ」

喚声とともに駆けだした浅野だったが、数歩進んだところで、腹を押さえてバタッと倒れてしまった。明らかに演技ではない。日本のスター俳優が撮影初日に倒れたというハプニングに、現地スタッフもパニックになるなか、救急車が呼ばれた。

原因は、パフェでした。前日に、現地のスタッフが気を利かせて、甘いもの好きだという浅野君に生クリーム満載のフルーツパフェを差し入れしてたんです。彼も人がいいから、「ウマイ、ウマイ」とペロっと、平らげてしまった。で、ロケ初日に倒れて入院ですよ。

浅野君は戦場カメラマン役で、日本にいるときから日焼けサロンで顔を真っ黒にしてたのに、1日で青白くなっちゃった。そのうちエキストラまで交通事故に遭ったり、さらにまた浅野君の災難で彼の台本が紛失するんです。物語のなかで話すカンボジア語を暗記するために書き込んでいた自分用の台本をなくすことは、ほとんど撮影のストップを意味するという非常事態でした。


トラブルは続いた。この映画で初めて五十嵐と組み、『島守の塔』では照明チームのトップをつとめる山川英明（75歳）が語る。

「『地雷』の早朝の撮影で、泰造が川を渡るシーンのとき、スタッフが深みに流されてカメラごと水没してしまうんです。前日に苦労した撮影分もパーになったと落胆していたら、撮影部が直前にフィルムをチェンジしていたとわかるんです。監督自身は、案外、平気な顔をしていましたが、度胸もツキも持ってる人だと思いました。

照明で言われたのは、レストランのシーンで、監督が『ゴッホの〝夜のカフェテラス〟風のライティングで』と。その絵を知らなかったから、タイの本屋に走りましたよ。それ以来、絵の勉強もするようになりました。きっかけをくれたことは今も感謝しています」

このカメラ水没事件や主役の浅野が倒れたりとトラブルが続き混乱する現場で、誰かが言った。

「お祓いをしてないからだ」

このまま撮影をストップさせるわけにもいかず、五十嵐もこの提案を受け入れたという。

6カ国語が飛び交う混沌から何かが生まれる

日本のお坊さんを探したけど、まあ、いない。で、タイのお坊さんを連れてきて、その人もわけがわからない様子だったけど（笑）、主要な撮影場所となる木の根元で拝んでもらったんですよ。そしたら、その後は、とにかくスムーズに動き始めたんです。

チームオクヤマの作品となることが決まっていましたから、お金を引っ張ってくる苦労は、この映画に関してはそれほどありませんでした。

ロケハンなども、映画の話になる前から自分で現地をかなり歩いていましたから、その意味では、自分のなかにどこで撮ればどんな画が撮れるという地図ができ上がっていた。

ですから、それよりも何よりも大変だったのは、いろんな国の人たちと仕事をする煩雑さでした。同じアジアでも、タイ人、ベトナム人、カンボジア人、韓国人がいて、言語は英語も含めて多国籍語が飛び交う現場だったから、通訳も5人いました。言葉だけでなく、国によって芝居のリアクションも違うし、スタッフも時間にルーズな国の人たちがいたりと。つまりは、人種の違う人たちを一つにまとめあげる大変さは今までの映画ではなかったことだった。

文化の違うさまざまな国のスタッフや役者たちと、現場対応で作品を作り上げていく。それを苦にするのではなく楽しめたのは、あの兼高さんのところでの経験が大きかったと思います。

お国柄もあって、兵隊たちの動きがリアルだというのは、実は本物の軍隊だから。カンチャナブリには軍の施設もあって、そこが協力して兵士を出してくれたり。われわれが泊まったのも軍の息のかかったホテルでした。

エキストラもシェムリアップで募集をかけたら、一つの村の住人がほとんど全員じゃないかというくらい集まったり。選ぶのは、たった10人なのに（笑）。お昼になったら、グリーンカレーとレッドカレーがビニール袋に入って出てくる。3時のおやつの時間は、サンドイッチとフルーツ。日本じゃ絶対にないことばかりで、楽しいじゃないですか。

撮影自体は、大変でした。銃弾のドンパチや水しぶきを上げる爆撃も、CGじゃないんで。だから、不発弾が出たとなると、また準備で30分も待たなきゃならなくなったり。ジャングルに煙が充満している雰囲気を出したいと頼んだら、現地のスタッフがタイヤを燃やし続けてくれて、これは助かりました。いまなら環境問題的に完全にアウトでしょうが。

僕の背後に地面に仕込んだ爆薬のボタンがＡＢＣとあって、浅野君がダーッと走るタイミングに合わせてバーンバーンバーンと爆発していく。背中にその振動を感じながら、醍醐味というか、〝いま映画作ってるんだ感〟がたしかにありましたね。

『ナンミン・ロード』ではついに叶わなかった海外ロケという貴重な初体験は、8ミリ時代の自主映画で体感していた現場ならではのワクワクする気持ちを思い出させ、改めて自分は混沌が好きなんだと思ったと語る。

カンボジアのアンコール・ワットの撮影許可は下りたんですが、ベトナムでの撮影許可は下りなかった。ベトナム側の役人が言うには、「タイゾーが最終的にアンコール・ワットを目指すというのはカンボジアの映画だから、ベトナムのシーンがあっても許すことはできない」と。ですから、ベトナムのシーンも、カンボジアにセットを組んで撮ったものです。

海外ロケの最終日はそのアンコール・ワットでの撮影ですが、助監督から、「最近、周辺に山賊が出るので注意しながら撮影してください」とアドバイスが届いたりしました。

そんな国情の違いを感じながらの撮影は緊張感もハンパなかったですが、おもしろかったです。やってるうちに、混沌のなかから新しいものを生み出すというのが、いわば隠れテーマになっていってて。要は、「カオス（混沌）からの新生」を描くということ。

正直、『地雷』は、映画としては、下手とまでは言いませんが稚拙な部分も多いんだけど、活きはいいんですよ、僕の演出も含めて。スクリーンに、僕自身が長い間、アジアに通い続けて身についたにおいとか、日本とは違う息づかいみたいなものまで映り込んでいるように思えるんです。

浅野君自身も、最初の1週間くらいは役作りで泰造になりきらなきゃいけないと、かなり悩んでいるようでした。だから言ったんです、「いいじゃない。浅野君の泰造で」と。そしたら芝居が変わって、いつか自然に泰造になりきっていました。資料を読んで真似ようとするのは、けっしていいことじゃない。好きにやるのがいいんですよ。

僕も含めて、みんながガシッと決まっているわけじゃないけど、そのぎこちなさが逆にリアルに通じて、よくドキュメンタリーっぽい映画とも評されました。

一方で、撮り終えてみて、ドキュメンタリーってなんだろうと、わからなくなったのも事実。だって、それぞれのシーンで構図を決めるだけでも、そこには意図があるわけで。

特に今は、ビデオで何でも撮ればドキュメンタリーって言うじゃないですか。本来は、そんなもんじゃないと思うんです。作り手側の覚悟というものがあって、その覚悟が見えるかどうかが大事だと思う。これは劇映画について語ったのと同じで、前に話したとおり、僕はその規準を、監督の印鑑が作品に押されているかどうかで見極めます。


そして、迎えたラストシーン。一ノ瀬泰造は、実生活でも、前出の親友の赤津さんに次のような手紙を送ったあと、ひとり、アンコール・ワットに消える。

『読売新聞プノンペン特派員が、向こう側と特別コネがあり、一緒に行けるよう、話も進んでいるそうですが、著作権のことが面倒なので、自分ひとりで、まずねらうことにしました。旨く行かなかったら、危険はそう何回もせず、サッと諦めて読売に従います。旨く撮れたら、東京まで持って行きます。もし、うまく地雷を踏んだら、サヨウナラ!』(一ノ瀬泰造著『地雷を踏んだらサヨウナラ』より)

この辺が、泰造らしい。手紙のラストには、『今から、同居している多勢の子供たちを撮ります』と。こういうところが、沢田にはない。だから、その魅力を劇映画でと思ったんです。沢田さんは沈黙は金で、写真で語っている。言葉じゃないという部分。泰造の場合は、明るく口にしちゃう人間臭さがいい。

だから、この映画は、最初から若い人に見てほしかった。沢田さんは、ある意味、職人だけど、泰造の場合は、写真もそうですが、よりそのキャラクターが前面に出てくるんです。そこが、若い人に共感してもらえるはずだと。浅野君の泰造が、観客をスクリーンのなかに連れていってくれて、若い人たちは泰造と一緒に叫んだり、悩んだりするように感じてくれたと思います。

沢田さん、泰造の時代、あのベトナム戦争の時代は、ある意味、おもしろい人たちが集まっていた。野心家たちも多くて、一発当ててピュリッツァー賞を取ろう、とか。

ベトナム戦争の特徴で、ジャーナリストもヘリコプターに同乗して戦場のど真ん中まで行けたわけですから。でも、それ以降は変わってしまった。イラク戦争などでは、反戦運動が盛り上がったベトナムの教訓で、政府側はジャーナリストをフロントラインにはけっして近づけさせないようになったじゃないですか。最前線を撮るというのは、兵士の悲しみや苦悩も一緒に写ってしまいますからね。

いま、本当のジャーナリストは存在するのか

さらに今、戦争報道は激しく変わりつつある。ジャーナリストが、さまざまな規制で現場に入れないときでも、現地に住む一般の人がスマホで撮影した映像をＳＮＳを通じてだったり、ときには通信社に売って、ほぼリアルタイムで世界に発信できるのだ。

僕が『ＳＡＷＡＤＡ』で取材したケイトは、当時、アメリカではけっして報道されることはないにも関わらず、独自にアフガニスタンへも入って取材を続けていました。「なんで、こんなにアフガニスタンの人々が死んでいるのに1行も記事にならないの」と、憤っていました。

僕は、それが真のジャーナリストだと思ったから、日本に今、そんな人がいるのだろうかと、どうしても考えてしまった。

戦争報道は若い人たちのものとも言います。今はビデオ一つ持てばジャーナリストとして

戦場にも行ける環境はあるでしょうが、どれほどの人が沢田さんや泰造の意志を引き継いでいるのかと思います。平和な日本を飛び出して、危険な戦場や紛争地帯に行こうと思う若者はいるのか。ミャンマーやウクライナで、第二の沢田、第二の泰造が果たしてカメラを構えているのかと。

ただ、僕自身、沢田さんの映画を撮って、ベトナム戦争の何かがわかったかというと、それは言えないと思うんです。うちらの世代は、高校のときに、なんとなく新聞で報道されていたくらいの印象ですから。だからこそ、何度か話したように、アジアの街を歩き回って戦争を感じたり。あとは映画のロケで、かつて沢田さんも歩いた畦道を進もうとしたら、「そっちは行っちゃダメ」と言われて、今はコーヒー畑になっていても、けっこうまだ地雷が残っていたりすることで、戦争にふれるということはあったかもしれませんが。

沢田さん、泰造が生きていたら、どんなことを言うかとは考えますね。昭和11年生まれと22年生まれだから、今年86歳と75歳。この時代を、彼らはどう語るでしょうか。

'99年に公開された『地雷を踏んだらサヨウナラ』は、この章の冒頭に紹介した文化映画部門のグランプリだけでなく、日本映画ペンクラブ選出準グランプリや日本映画技術賞など多くの賞をものにし、多くの若者の観客を動員した。

『地雷』をやっていちばんうれしかったのは、試写のあと、ご両親が「うちの泰ちゃんがスクリーンの中にいる」と言ってくれたこと。

映画の影響ということでは、カンボジアで泰造のお墓が整備されたりも。あとは、映画の取材を僕が受けたとき、記者の人で、「この映画を観てジャーナリストになりたいと思いました」という人が何人かいました。もちろん、『SAWADA』でもいます。

映画って、自分史的なところもあるんですよね。僕自身、『地雷』の混沌とした現場を楽しんでいたのを思い返したり、『SAWADA』の準備ノートを見たりすると、あのころは、熱病にかかっていたようなもんで、映画の中の泰造じゃないですが、ワーーッと言いながら疾走していたと思うんです。ベトナム戦争で亡くなったふたりに憧れて、一緒になって走っていた。

企画から始まり、お金も自分で引っ張ってきて、アメリカに手紙も書いてと、もう好き勝手にやっていた。そう思うと、映画監督として、がむしゃらに疾走できるのは40歳までかなと思います。あとは、それなりに積み重ねてきた体験からも頭で考えながら、違うスタンスでの映画作りとなるでしょうね。

特に『地雷』は、いちばん達成感があった映画といえます。その達成感とは、混沌のなかから作品を生み出す過程を味わうことができた。現地での撮影を終えたとき、終わったな、と心から思いました。ですから、『ナンミン・ロード』『SAWADA』と『地雷』が、自分の人生のなかの夏的なくくりの作品という思いがあって。
そこから、ベトナム熱も少し醒めていって、なんだか世の中を客観的に見ている自分に気付いたり。その後の結婚とかも大きかったかな。ひとりなら、映画が終わって、たぶん、またアジアとか旅するんだろうけど、そうもいかなくなるじゃないですか。守りに入っちゃう。すごく、わかっているんです。守ってばかりいる。今はブクブク太っちゃって、考えられないですね。

証言

堀田泰寛 —— 映像カメラマン

沢田教一の亡くなった場所での撮影をめぐり、監督と衝突

1939年、朝鮮平壌（現ピョンヤン）生まれ。岩波映画など記録映画出身で、黒木和雄監督の『日本の悪霊』（'70）やイ・リン監督の『靖国』（'07）などで撮影を手がける。五十嵐映画では『SAWADA』『アダン』、テレビ作品で『僕は恐竜に乗らない』（'09・NHK）も担当した。

'94年春でした。岩波映画などで顔見知りだった五十嵐君から「至急、会いたいんです」と電話が来て、翌日、彼が渋谷区の参宮橋の私のアパートへ来ました。分厚い沢田教一の写真集を抱えてきてて、有名な『敵を連れて』などの写真を見せながら、自分が沢田と同じ青森出身で、彼にすごい思い入れがあるという話を滔々と述べました。「キャメラをやってほしいんです」と言われて、私は受けまし

た。岩波の助手時代にはよく映画への熱い思いを語っていたから、どんな作品を撮るのだろうという期待もありましたね。

私は長い間、映像に関わってきて、カメラマンの仕事は「監督の持つイメージを映像化する役割」と思っていました。それが、『SAWADA』では現場で監督との対立がありました。沢田の死んだ場所の撮影を巡ってでした。

簡単に言えば、実際に沢田が亡くなったとされる場所にこだわった私たちに対して、五十嵐君は事実にこだわらず、自分のなかの沢田教一の死のイメージを映像化できる場所で撮りたいとの主張でした。もちろん、その場所も生前の沢田が立ち入っている場所なんです。その現場での衝突があった翌朝、監督の彼から封筒に入ったメッセージを受け取るんです。

『自分には、事実の追求より、〝自分にとっての事実とは何か〟が重要なのだ。〝沢田教一〟と〝僕〟との関係が非常に重要なのだ。同じ郷里に生まれた沢田の34年の人生を34歳のディレクターが旅をし、その関係がどうなってゆくのかが重要なのだ。その関係を提示することで、観客に感動を与えたい……現在まで非常に満足しています。〝発展は苦痛への意志であることを信じて〟、お互いに身体と心だけは大切に。五十嵐』

また、その監督の希望する場所が、絶対にカメラマンもカメラも水没しそうなところで（笑）。でも、五十嵐君は「ここで撮りたい」としゃがみ込んで動かない。私も突っ立ったまま動かない。まあ、最後は根負けです。

実際の撮影でも、やっぱりというか、私の足が深みに入ってカメラが水に浸かるスレスレで助手が受け止めて助かるんです。しかし、そのタイミングが、ちょうど沢田が撃たれて倒れるような画になるんです。あのとき自分の身体が傾いた瞬間の感覚は、25年経った今も忘れません。あのショットには、互いに腹を割って話した末に、僕やスタッフが、なんとか監督の思いをかたちにするんだという、そんな現場の気迫が詰まっているんです。

『SAWADA』は劇場でかかりましたが、現場は自主映画的に限られた予算やフィルムのなかで勝負していました。今はデジタルで消して撮り直せばいいでしょう。だから、そんな映画屋の時代はもう来ないのかもしれませんが、五十嵐君には、その精神を大事にしてほしいと思うんです。

実は昨年末、『島守の塔』の撮影が終わったあと、沖縄の五十嵐君から電話をもらったんです。「久高島へ行って頭を冷やしたいんで、行き方を教えてほしい」と。結局、行けなかったようなんですが、それならなおさら、辺野古へ行くようすすめればよかったと思いました。私は、撮影でも若いころから沖縄に通っていて、政治家がいくらかっこいいこと言っても、いまだに沖縄は変わっていないことを知ってます。それだけに今度、五十嵐君が沖縄戦をテーマとした映画『島守の塔』を作ったわけですから、楽しみにしています。

第 5 章

映画監督では食えない

『兼高かおる世界の旅』のスタッフとして〝寒冷地要員〟として採用された。アラスカではデンスケという録音機を首に、バッテリーライトを肩に、三脚をかつぎ、走り回った。20代後半のころ

40歳過ぎて朝日新聞の中途採用試験に応募

「実は、'99年に『地雷』を撮り終えたあと、朝日新聞のカメラマン募集に応募したことがあるんだ」

何度目かのインタビューの最中だった。その『地雷を踏んだらサヨウナラ』に関するエピソードを聞いていて、そろそろ次の話題に移ろうとしたときに突然、五十嵐の口からこの思いがけない発言が飛び出した。もちろん長い付き合いのなかでも、彼が新聞社の採用試験に、それも40歳過ぎて挑んでいたとは初耳だった。思わず、聞き返していた。

「学生時代のことじゃなくて？」

「いや、違う」

「何か次の映画に生かすため？」

「それも違う」

「じゃあ、本気で？」

「うん、まあ」

「『SAWADA』でも賞をいっぱい取ったし、『地雷を踏んだらサヨウナラ』ではすごい達成感を味わったと、こないだも聞かされたばかりじゃない」

「だから、そういうことじゃないんだ」

それから、彼が話した内容は、正直、容易には理解し難かった。それだけに、この現代日本で映画監督として生きていくことが、いかに大変かという苦悩がより生々しく伝わるのだった。

『地雷』を撮り終えて、間もないころでした。たまたま目にした朝日新聞に囲み記事で「報道記者募集」とあって、中途採用の記者とともに、ビデオカメラマンの募集があったんです。記者やスチールのカメラは無理でも、映画を撮っていた経験があるし、知識もそれなりにあるので、ビデオカメラマンならできるんじゃないか、やってみたいと思って、そのときは本気で履歴書を送りました。

一つには、それほど沢田さんの影響というのがある。もちろん、泰造もだけど。僕自身、若いころからタイやベトナムなどへ何度も行っていたし、映画作りを通じて沢田さんたちの仕事ぶりを追体験していくなかで、自分自身が大好きで関心も大きい海外での戦争とか社会問題の取材をしてみたいと思ったんです。まあ、それくらい、彼らの生きざまは僕にもまぶしくて、自分には同じことはできないから、少しでも近づいてみたいと思ったのも正直なところです。

カッコつけてじゃないけど、ずっと20代のころから『ジャパンタイムス』とかも定期購読して、毎日、翻訳したりしていたし。あとは、兼高かおるさんとの仕事の影響も大きい。あの番組を手伝ったことで初めて海外に出て、外からこの国を見直してみて、自分が日本人であることを改めて意識していたから。もう一度、そんな状況に自分の身を置いてみるとどうなるかな、という期待もありました。

衝動的な行為だったのもそのとおりで、正直なところ、映画がしんどい、っていうのもありましたよ。『SAWADA』も『地雷』も、準備から入れるとそれぞれ4年はかかっています。その8年間だけでも、とにかく生活の安定は一度も感じたことがなくて、いつも資金繰りのことが頭から離れなくて、やっぱり、精神的にしんどいし、いい年になってきて、どこか将来が不安になっていたと思うんです。

だから、新聞社に入ればとにかく生活は安定するだろうから、履歴書を送る瞬間は、本気でそっちに行こうと思ってたんだよ。ただ、おかげさまで、書類ではじかれて。

修業時代――PR映画から『兼高かおる世界の旅』へ

苦笑いで話は済んだが、改めて、映画監督として生きていく大変さを突き付けられた気がした。これまで、まさしく10代の学生時代の8ミリのころから映画一筋で来た五十嵐だが、実は、この朝日受験以外にも、何度か商業映画の世界を離れている。

第2章でもふれたが、大学卒業後に就職が内定取り消しとなったとき、同じ映像分野ではあるが、岩波映画のなかのPR部門へと入り、その後も、今の話にも出た『兼高かおる世界の旅』の制作スタッフとなってテレビの世界で働いていた。

いずれもが、結果から言えば、のちの映画作りのための準備期間の意味合いも持つが、その当時は、あくまで生活していくための手段としての〝転職〟であった。

岩波映画時代に、助手の彼を指導していた四宮鉄男も、こう語っていた。

「五十嵐君がウチに来たというのも、とにかく仕事に就くのが最優先で、何か修業をしようとか、学ぼうとか、そんな大それた思いは最初はなかったんじゃないかな」

再び時間を戻すことになるが、五十嵐が大学を卒業後、当てにしていた三船プロへの就職話が立ち消えたことによって、はからずも始まった彼の修業時代。本当にやりたかった映画の世界を離れた期間は、彼に何をもたらしたのか。ＰＲ映画やテレビの世界に身を置いていたころを語ってもらった。


突然、決まっていた就職話が立ち消えとなって、僕が飛び込んだのが岩波映画で、そのなかのＰＲ映画の部門でした。とにかく、食っていかなければなりません。

当時のドキュメンタリーの世界には力のある個性的な監督が多くて、岩波だけでも、僕の入る少し前まで羽仁進さん、田原総一朗さん、東陽一さんなど錚々たる才能のいた時代で、その次の世代のひとりである四宮鉄男監督に、たまたま僕は付いたんです。

とにかく、ものすごく厳しい人だった。父親からも手を上げられたことはないのに、銀座のど真ん中で殴られたり。いったい、なんなんだこれは、と。

1982年ごろ、銀座の歩行者天国に、インタビューを撮りに行ったときでした。四宮監督とキャメラマンと僕の3人で、ペーペーの僕が監督の前を歩くのはよくないと思って、三脚を担いでうしろを歩いていた。そしたら、「何、ウロウロしてるんだ」で、いきなりバンと殴られた。ちょうど缶入りのお茶が出始めたときに、「監督、どうぞ」と手渡したら、「こんなの飲めるかよ！」と言ってバーンと放り投げられたり。

そんな理不尽もあったけど、編集に関してはピカ一なんですよ。教えるんじゃなく、自分で考えろ、という人。たしかに、考えたら、助監督は誰より先陣切って段取りするのが仕事だし、監督の嫌いなものをわざわざ差し出すこともないわけで。だから、怒られた翌日には、監督愛飲のシングルモルトのウイスキーを持って横浜の自宅まで謝りに行きました。高かったけど。

四宮さんのところでは数カ月。あとは、他の演出家の作品も手伝ったりで、全部で1年ほどでした。そうやって、修業時代じゃないですが、制作進行とか助監督をやって、いろいろ学びました。

四宮さんとは、結局、その後もつながっている。普段は厳しいけど、根はやさしい人で、師といえば、やっぱり彼なんです。

ただ、当時をふり返れば、やがて、ここは自分の居場所じゃないと気付くんです。本当に劇映画を作りたいんだったら、ここにいてはいけないと、そう思うんです。

「アラスカ要員」で採用

こうして、五十嵐が映画監督として独立し、自主映画的に『津軽』の制作に踏み切っていく過程は、すでに第2章で述べたとおりだ。

その『津軽』の撮影を終えたときだった。今度は資金不足に陥り、その後の編集作業などを中断して、彼が飛び込んだのがテレビの世界だった。『兼高かおる世界の旅』は、ジャーナリストの兼高かおるが世界約160カ国を旅する紀行番組で、'59年の放送からやがて30年以上も続く長寿番組となるころ。このときも、五十嵐は新聞の求人広告で応募している。

『津軽』が暗礁に乗り上げて、普段の自分の生活もままならなくなったからどうしようと思っていたら、新聞に「テレビ番組スタッフ募集」と出ていた。必須条件として「要英会話」とあったんだけど、僕が話せる〝外国語〟といえば津軽弁くらい(笑)。だけど、英語も達者なフリで応募したんです。あとで驚くのは、超人気番組なので300人から応募があったそうなんですが、なぜか僕が選ばれた。映画はやっていても、テレビは未体験なのに。

すぐに、その理由はわかるんです。採用されて、いきなり海外ロケでアラスカやカナダに行くんです。つまり、兼高さんは履歴書を見て、東北の青森出身だから、北の人間だから、きっと北米の極寒にも弱音を吐かないだろうと思ったんだね、だからアラスカ要員（笑）。

アジア以外の海外は初めてでしたが、あの取材旅行こそカルチャーショック。アラスカでは、極寒の吹雪の街角に黒人の娼婦が立っていて、その頭上の柱の温度計がマイナス38度と表示されていたり。なんなんだこの世界は、と思うわけです。

最も衝撃だったのは、この地で初めて「ジャップ」と呼ばれたこと。これまで日本人である自分に疑問を抱いたことなどありませんでしたが、この現地の人から投げかけられたひとことで、そうか、オレはここではジャップなんだと、外から自分自身を見つめなおすきっかけとなりました。

さらに驚きは続く。それは、兼高流の個性的な取材手法だった。やがて、ここでの体験が、その後の映画作りに存分に生かされることとなる。

海外取材のメンバーは、監督兼ディレクターの兼高さんと英語が少しはできる男性カメラマン、そして助手である僕の3人だけ。現場では、デンスケという録音機を首に、バッテリーライトを肩に、三脚を担ぎ人肌でバッテリーを温めながらやみくもに走らされた。

最初の取材テーマは、アラスカの犬橇大会でした。ドッグレースの場合、撮影ポイントはスタート地点、中間地点ときてゴールがある。普通は2キャメ、3キャメで臨むものです。それを兼高チームは3人だから、スタートを撮ったら、「はい、五十嵐、走れ！」で中間地点を経て「ゴールだ！　五十嵐、走れ！」と言われ、僕はひたすら走り続けるわけです。思わず、「オレは犬じゃないんだから」って叫んでましたよ（笑）。

さらに独特だったし、なるほどと学んだのは、兼高さんの徹底した現場主義。日本を出るときのテレビ局との打ち合わせは、本当に建て前に過ぎないんです。メインの取材対象者くらいは決めていきますが、それ以外は、まず現地の顔役の人と食事をしながら、生きた情報を現場で仕入れていって、そこで彼女がおもしろいと思った人に会いに行くんです。アポを取るのも兼高さん自身。語学が堪能な彼女だからできたことだとも思いますが。

僕が、『SAWADA』の取材で、沢田さんの同僚のケイトたちと会ったときに、まず食事をして信頼を深めていったというのは、実は兼高さんの手法を真似ているんです。『地雷』で、5つもの違う国のスタッフや役者たちとの交渉や騒動を苦労とは思わずに、こんなもんだ、いや、この混沌こそがおもしろいと感じながら進められたのも、この兼高さんや四宮さんとの仕事をしたことが本当に大きいんですね。

とはいえ、四宮さんとも数カ月ですし、兼高さんのところも1年はいませんでした。彼女は本当に人間として心の広い人で、僕が「やっぱり、映画を作りたいからテレビは辞めたい」と言うと、すぐに理解して、その後も応援してくれました。

四宮の元での修業体験はわずか2〜3カ月で、兼高との仕事もせいぜい1年弱。その期間の短さには、改めて驚かされた。というのも、五十嵐の言葉のなかに、師と呼ぶふたりのところでのエピソードや会話が出てくることが、けっこう多かったからだ。

岩波映画の前には、大学卒業後、当てにしていた三船プロの就職話が突然消滅し、社会に放り出されたかたちとなった。兼高との出会いの前も、せっかく撮り始めた映画『津軽』が途中で資金不足となり頓挫していた。そんな不安な状況のなかだからこそ、ふたりの師匠と過ごした日々は、短くとも、彼にとっては実に濃密な時間となったようだ。

三船プロに内定したときも、そして兼高さんのときも、青森の親父は安心したんですよ。これで、うちの長男も安定した生活を送ってくれそうだと。特に日曜朝の兼高さんの番組は実家でもよく見てたし、地元の人たちからも、「五十嵐さんの息子さん、いい番組に入れたんだね」と言われていたようですね。

でも、しばらくすると、わかるんです。ここにいても、作りたい映画は撮れない。だから、オレは自分の道を進むしかない、と踏み出すことができたんです。

消えていった映画たち

人との出会いが転機となるかどうかは、ともに過ごした時間の長短は関係ない。人生のどん底で出会った人たちや現場から、彼は多くのものを感じ取ると同時に、そこでとことん自分と向き合うことができたのではないだろうか。その体験が、迷っていた彼の背中を力強く押してくれたのだ。

それら貴重な出会いをくれたきっかけは、生活するための仕事を失ったこと、あからさまに言えば、金が底をついたことだった。フリーの監督として生きようとしていた五十嵐にとっては、そのまま映画作りができないことに直結する。

聞けば、これまで完成した映画の裏には、その本数以上に、エンジェルマネーの出資者と出会えなかったり、ときには出資者が消えてしまうなど製作費がネックとなって企画が動き出した途中でボツになり、この世に生み出されなかった映画がいくつもあるという。

長い間、一生懸命に頑張っても、どうしてもできない映画ってあるんですよ。やっぱり、最後は資金の問題ですね。僕にとっては、その筆頭のテーマが、2000年くらいまで取り組んでいた、山口県出身の自由律俳句の俳人、種田山頭火（1882年〜1940年）です。30代の初めから8年間も費やしました。

「まっすぐな道でさみしい」や「どうしようもない私が歩いている」などの句も好きですが、普段の生活は享楽的で、温泉場の居酒屋に入っても金がないから句を売って飲み代にするという、そんな人間臭い生き方にも惹かれました。

こんなことがあったんです。僕が何かのインタビューで、いつか山頭火を映画にしたいと話したのを目にしたのでしょうね。九州の大きな病院の院長でしたが、「私も山頭火を個人的に研究している。実は、映画にもしたくてシナリオまで自分で書いているんです」という連絡を受けたんです。こういうシーンを撮りたいんだといって、もらった手紙にはその現場の写真まで貼り付けてあって。

その人が上京したときに赤坂のホテルで会い、その後、「ぜひ自宅にも来ていろいろ見てください」と頼まれて、お宅へお邪魔しました。すると病院のそばに土地があって、「これを売って1億作り、それを製作費にして一緒に映画を作りませんか」と言うんです。最後は、ずっと反対していると聞かされていた家族の人たちも、僕に向かって「いい映画を作ってください」と頭を下げましたから、ようやく山頭火の映画が実現できると、本当に浮き立つような気持ちで東京に戻りました。

ところが東京に帰って1週間後、「やっぱり、できません」と電話をもらって、それっきりです。このときは僕もすぐに動き始めていて、脚本を書いたり、ある著名な俳優さんにも話をしようとしていました。でも、どれだけ気概を持っていようが、資金がストップすれば、そこで終わりです。

2010年ごろ、山頭火同様に、五十嵐が画家の国吉康雄（1889年〜1953年）に夢中になっていた時期がある。岡山県出身で17歳にして渡米、現代アメリカ絵画を代表する画家となりながら、亡くなるまで望んでいたアメリカ市民権を与えられることはなく、その生涯を貫く孤独は絵のモチーフともなっているという、日本では絵画ファン以外にはほとんど無名のアーチストだ。

私にも「すごい画家だから見ろ」としきりに言い、「今、神奈川の美術館で個展をやっている」などと教わり、出かけたこともあった。また、国吉が暮らしていたアメリカまで行ったとかで、みやげの画集を渡されたりもした。ひとりの芸術家のファンになったとはいえ、外国まで行ってしまう行動力に驚いた記憶があるが、すべては映画作りの布石だったのだ。

国吉を映画化したくて、彼の出身地の岡山を代表する企業に話を持っていったり、国吉役に最もふさわしい俳優だと思った永瀬正敏君にも話をしたりして、自分のなかでは、いつでも動き出せる準備をしていました。

「日本では知名度が低いけれども、アメリカでは、歴代の画家のなかでも3本の指に入る巨匠なんだから、郷土のヒーローとして、その功績を映画で残すべきだ」

岡山でそんな話をしてまわって、最初はとても関心を示してくれる人や企業もあったんです。ある企業のトップは、自らポケットマネーから1000万円を出してくれて、僕とプロデューサーと美術監督をニューヨークまでリサーチに出してくれました。そのうち、映画と同時に美術館まで建設するといったプランまで飛び出して、どんどんデカい話になっていったんです。

実際に現地調査すると、予定していたよりも金もかかるとわかるんですね。でも、それで諦めなければいけないのではなくて、だったらカナダでロケすれば半額くらいでできるなど と、実現するための道筋も見えてきていたんです。

そうしたデータを持ち帰るんですが、なかなかOKにならない。会社としては予算的に踏み切れないということらしいんです。だったら予算を落としてドキュメンタリーで撮りましょうかという話もしたけれども、難しかった。僕が声をかけていた永瀬正敏君はずっと絵の勉強までしてきたのに、結局、その話も立ち消えとなりました。

映画だけで食べていけるのは山田洋次監督くらい？

この国吉のケースで調査費をスポンサーが提供してくれたのは、五十嵐も言うとおり「例外中の例外」であり、普段は監督が自らのお金を使い現地に足を運んでいるのが現実である。現に、『島守の塔』で、映画が動き出す前に彼がひとりで沖縄通いを始めたころ、すべては自腹だった。

特に、国吉の映画化で精力的に動いていたころは、彼にとっては、なかなか映画を撮れないと悩んでいた「不遇をかこっていた」時期だった（『半次郎』が２０１０年に公開後、２０１５年の『十字架』まで空白期間があった）。このプランが頓挫したときには、「映画から足を洗おうと思った」とも語った。

日本という国で映画では食えないし、「映画監督」という職業も、なかなか成立しませんね。僕も日本映画監督協会（東京都港区）に所属しており、会員は約520人くらいいますが、そのなかで映画監督として、映画だけで食っていけているのは微々たる人数でしょう。世界的な賞を受賞している監督の名前も浮かびますが、実は制作会社に所属していたりする。ですから、本当にフリーの映画監督として映画だけで食べている人といえば、山田洋次監督くらいしか思い浮かびません。

アメリカの監督協会に行って驚いたのは、ものすごくでっかいビルで、その前庭ではやっぱりでっかい地球儀が回っていたりする。建物で単純に比べてはいけないんでしょうが、日本の監督協会は雑居ビルの一部屋です。

『島守の塔』のプロデューサーの川口浩史君がアメリカのある助監督と会ったとき、「君の家に寝る部屋がいくつあるんだ」と聞かれて、「3つ」と答えたそうなんです。3LDKってことなんですね。すると、アメリカ人は「オレも3つ、家を持っている」と（笑）。ケタが違うんですよ。

それは、アメリカでは映画が経済になっていますが、日本映画というのは経済になりえない。この仕事を選んじゃったからしょうがないですが、かつての錚々たる監督たちも苦労して、映画のいい時代にさえ、何年もかけて頭を下げて金集めをしていたわけです。日本の映画監督は、僕もそうですが、テレビの2時間ドラマをやったり、専門学校で教えたり、コマーシャルを撮ったり、あとはカミさんに食わしてもらっていたり。まだ、かろうじて、エンジェルマネーではないですが、映画に夢を感じて出資してくれる人たちもいます。たぶん、総合芸術の映画を生み出す人たちへのリスペクトもあると思うんです。それは昔の映画のいい時代を知っている世代の人たちです、映画の地位自体が高かった時代を。

しかし、今では、映画そのものの地位が下がっていますからね。この先の映画界を考えると、若い映像人たちの苦労はかなり深刻ではないかと思います。

五十嵐自身は、監督としての初期から、自分の映画を作るためのお金は自分で集めてくるというスタンスを取ってきた。しかし、映画の規模も大きくなってくると、監督をやりながら資金集めというのも、徐々に困難になってくるという現実があるようだ。

本来、映画制作では、スポンサー集めや資金調達はプロデューサーの役割となる。それ以前の企画の立ち上げや俳優の選定なども、つまりは映画全体に深く関わるのがプロデューサーなのだが、日本映画界の現状を見ると、人材不足の感があることは否めないという。

本来の映画プロデューサーの仕事は何かといえば、企画を立てて、東映、東宝、松竹、角川といった映画会社に持ち込んで、その製作の枠組みを作る、いわゆる座組みです。

そのときに、昔は山師的なプロデューサーもいて、億単位のお金を引っ張ってくることができました。優秀なプロデューサーは、1回、脚本を読めば、だいたい予算が見える。「この映画は2億円で上げる」となったとすれば、脚本から勘案して、

「今のままなら3億かかりますが、このシーンとあのシーンを外して、キャスト費を10パーセント押さえれば、2億円の予算に収まります」

となる。つまり最近は、本（脚本）を読めるプロデューサーがいなくなったということです。みんな、サラリーマン的になっていて、本の感想は言えるけど、それで予算を瞬時に組み立てたり、お金を引っ張ってくるなんてできないわけです。

僕の映画では、幸いプロデューサーにも恵まれてきました。『地雷』のときなんて、本当にギリギリの予算で海外ロケもしましたから、よくラインプロデューサーに言われていたのは、

「監督。このライフルの弾1発ボーンで3パーツ、60円くらい。ということは、M16でダダダーンと10発打つと600円かかるわけです。そこまで考えてやってください」

ただ、お金のことばかり考えてやっていると、作品がちっちゃくなってくるんですね。だから、そこは今度は現場のラインプロデューサーが、1億円あったら1億で最大限できることを考える。そうして、いろんな人の知恵と努力で映画の現場は成り立っているんです。

今回、『島守の塔』がコロナで延期になったとき、やはり、いちばん最初に思ったのは、その中断で、どれだけの追加の経費がかかるだろうということでした。

証言

四宮鉄男 ── 映画監督、監督五十嵐匠の師匠

一本気で熱い男だが、素直すぎるところもある

五十嵐にならって、彼が師匠と呼ぶ四宮に取材依頼の手紙を出した筆者だった。すぐに返事が来て、そこには『師匠と弟子。私と彼の間に、そのようなことは一切ないです』とあった。その一文を見て、余計に会いたいと思った。1940年、福岡市生まれ、早稲田大学第一文学部を卒業し、講談社などを経て、フリーの助監督として土本典昭監督に師事。'69年より岩波映画で活動し、このとき、アシスタントのアルバイトとしてやってきた五十嵐と出会っている。

昨今、日本映画界のセクハラ、パワハラが問題視されているなか、五十嵐の語った師匠のスパルタな指導法について、どう切り出そうかと思っていたら、当人がいきなりそこから話し始めた。

ご存じと思いますが、彼が入ってきた40数年前は、われわれの業界には最近話題のパワハラもあっ

た時代でした。今はすっかり丸くなった私ですが、昔はとがっていて、酒を飲んでは、同世代のカメラマンの堀田泰寛さんらと一緒になって、五十嵐君たち若い人にもギャンギャンうるさいことを言っていたと思います。

彼のことで覚えているのは、長野県のロケに行ったとき。静かな山の景色を音声と画の同録でやろうと思ったら、丘の下の工場からの騒音がかなりうるさかったんです。それで、「五十嵐。しばらくの間、止めてくれ」と言ったら、彼は走って工場へ行って、本当にモーターを停止させましたから。その一件でもわかりますが、一本気で熱い男ですね。今と同様、肝も据わっていたかな（笑）。

すでに当時は、ＰＲ映画やドキュメントの世界でも、若い志望者が押しかけるという状況にはありませんでした。映画会社に助監督として入社するという道もほとんどなくて、どこか映像関係の仕事に潜り込んで、よく言えばフリーランス、実際は日雇いスタッフとして働いている人も多かった。五十嵐君も、そんな境遇だったと思います。

私たちがやっていたのは、企業の短編のＰＲ映画などでした。この分野もすでに予算削減の流れがありましたが、みんな、勝手に大重（潤一郎）流、四宮流で、いろんな作品を撮っていたんです。

五十嵐君に対しても、畏まって映画について伝えたことはありません。ただ酒を飲んだときなどに、いろんな話はしたかもしれない。ドキュメンタリーは答えがわかってちゃおもしろくないんですね。答えがないから映画を撮るわけで、１００人見たら１００人が違うことを考える映画であるべきなんです。最後には、「ねらって映してはダメ、ただ映さなきゃ」なんて、禅問答みたいになるんだけどね（笑）。

彼は熱い男と言いましたが、大胆不敵なようでいて、同時に繊細さも持ち合わせているでしょう。だから人の心をつかんで、監督業と同時にスポンサーをくどいて、お金を持ってこれたりできるわけですよ。校長先生の家で正しく育てられて、そんな繊細さもある男が、私や堀田とか無頼漢に出会って人生変わったのかもしれません。

これを言うと、あいつは怒るかもしれないけど、映画監督の割には、素直すぎるところもある。だから、映画を撮っているうちに、被写体に共感するのじゃないかな。そこで、どことなく、いい映画になる。彼の映画には大逆転もないし、ドキドキハラハラの仕掛けも少ないでしょう。でも、今度の『島守』では、きっと、その素直な持ち味が生かされて、彼が映画に込めた戦争や平和への思いが、観客にストレートに伝わるのではないかと期待します。

ある日、突然、彼のプロフィールのところに『師匠は四宮鉄男』とあって、不思議でしょうがなかったし、少々戸惑いました。私には自分が師であるという思いはありませんが、岩波のあとも彼の映画の編集を手伝ったり、試写に呼んでもらったりするのは、素直にうれしいです。

第 6 章

『島守の塔』

戦争がもたらすものを撮る②

瀕死の映画をみんなで救いあげる

全国で制作継続への支援を訴える

「僕に映画を撮らせてください！」

会場に、五十嵐の絶叫のような声が響きわたった。

２０２０年9月19日、荒井退造の生まれ故郷である宇都宮の栃木県総合文化センターで行われた「『島守』シンポジウム」でのこと。

主催は製作委員会に名を連ねる下野新聞社で、「荒井退造の生誕１２０年」を記念しての催しであった。島田に比べると、荒井の功績は出身地でもいまだ認知度が高くないこともあり、映画『島守の塔』を通じてその再評価を図りたいという地元紙の強い思いが伝わってくる。

このシンポジウムで、五十嵐は基調講演を行ったのだった。その内容にふれる前に、島田、荒井両氏にゆかりある栃木、沖縄、兵庫からのパネリストたちの発言からは、各地におけるふたりの人物像がよく伝わるので、一部紹介したい。

「みなさんは、荒井退造や島田叡の名前を初めて聞いたのはいつごろでしょうか。私はわずか5年前です。栃木県民としてはちょっと反省しなければならないかなと思います。荒井は、旧制宇都宮中学を卒業してからは全国を回っていて栃木県には帰ってきていないのが、大きな理由かなと思います。それと、島田叡の明朗活発なところ、あるいは東京大学出というアピール度に比べると、という面もあると思います」（宇都宮高等学校校長の斎藤宏夫）

「島守の塔は、激戦地摩文仁の丘に建っていて、そこには島田さん、荒井さんを含めて469名が祀られています。沖縄で戦争が終わってまだ冷めやらないなか、殉職した警察官や、荒井さん、島田さんらを顕彰することを思い立った当時の先輩方の思いを考えると、いいことをやっていただいたなと感じます。もう今では太平洋戦争、沖縄戦の体験者が残り少なくなっています。体験した人と知らない人との世代ギャップがあり、私は中継ぎ世代と思って映画の製作委員長を仰せつかりました」（映画『島守の塔』製作委員会委員長の嘉数昇明）

「五十嵐監督は、言ってました。『島田さんはよいこと、悪いことをはっきり言う。野球人らしいスポーツマンシップを感じます。荒井さんは寡黙で淡々と職務をこなす印象です。陽の島田、陰の荒井といった人物像を浮き彫りにできれば』と。これを聞いて、おふたりは得難いパートナーだったんだなと感じました。だからこそ、島田さんは荒井さんに沖縄のことをすべてを任せて、台湾に行ってお米を調達することができた」（神戸新聞社の執行役員経営企画局長の小野秀明）

これから、3県によるトライアングルで映画を盛り上げようとしている現況がよく伝わるパネリストたちの鼎談だった。

さて、五十嵐の登場となるが、彼は普段の寡黙なイメージとは違い、講演などでは周囲の人も感心するほどに巧みに起承転結をつけて話す。以前、「講演時間が30分なら30分で収まるよう自分で台本を書いて、このときばかりは役者になって話す練習もしてるんだ。前夜には寝る時間を削ってな」などと、陰の努力を冗談混じりに打ち明けていた。その背景には、監督自らが表に出て話をすることで、少しでも「映画を観てみたい」「協力したい」「出資したい」という応援団を増やしたいとの率直な願いがあることが伝わってきた。

この日、紺のブレザー、紺のネクタイという彼にとっての正装で現れた五十嵐が、冒頭の挨拶に続き荒井の故郷を遠く離れた沖縄での苦悩などを語り始めると、会場はしんみりと聞き入っていた。その内容の一部を紹介する。


今日は、この1時間前に荒井退造さんの墓参りをしてきました。僕らが行くということで、ご親族の方たちが草刈りをしてくれていた。その後、生家に入れてくださって、そしたら、お茶とともにきんぴらごぼうが出てきた。荒井さんが生涯でいちばん好きだったのがきんぴらごぼうなんですね。僕は、荒井さんが沖縄に行ったとき、栃木のきんぴらごぼうが、すごい懐かしかったんじゃないかと思いました。

映画監督というのは、ズルイところがあって、資料などを読みながら、荒井退造さんは沖縄がイヤで帰りたかったんじゃないかと、いろんなことを思うわけです。そこに荒井さんの人間が見られるのじゃないかと思って、いろいろ調べています。

荒井さんが警察部長として沖縄に行ったのが'43年7月なんです。ですから'45年1月に島田さんが来るまでの1年半というのは、前任の知事が本土に帰ったきり戻らなかったこともあって、荒井さんが沖縄県民を守っていた。そこも、すごいなと思うわけです。

ちなみに、この講演の1年半後に完成する映画『島守の塔』では、沖縄から警察部長会議のために上京した折りに里帰りした荒井に、年老いた母親が「さあ、腹いっぱい食え」と好物のきんぴらを差し出し、荒井がうまそうに食らいつく場面がある。その夜、隣で寝ていた老母が、すぐにまた沖縄に戻っていく息子に呟く、「退造、死ぬな」と。

五十嵐の講演は続く。

僕は、本当は、ここに立っているべき男ではないんです。

僕は、みなさんに約束したわけです。沖縄、兵庫、栃木の方々と映画を作ることを。だから、コロナだからといって、途中で投げ出すわけにはいかないんです。僕の以前の映画『SAWADA』は、だいたい4年かかりました。映画は人生と同じで紆余曲折があるし、そんな映画こそおもしろくて後世に残ります。みんな大変ななかで作り上げると、作品が熱を帯びるわけです。『島守の塔』は、そんな熱を帯びた作品にしたいと思っています。

一つお願いがあります。ひとりではできないんです。製作委員会で一口サポーターというものがあるので、ぜひみなさんにご協力いただいて、僕に映画を撮らせてください！　なんとか、再来年に公開できるようなかたちで動いていますので、よろしくお願いします。

断るつもりが、下野新聞・綱川氏の情熱に心を動かされて

本来なら、今ごろには映画は完成しているはず、そうでなくとも、少なくとも自分は撮影の現場にいるべき人間なんですという、その悔しい思いは会場の観客に十分に伝わったと思う。こうして五十嵐の講演は、最後には、映画の個人支援制度のサポーターへの協力を呼びかけて終わった。

資金不足は、かなり深刻な問題だった。映画が中断している間も、セットの保管のための倉庫代金などがかかるのは以前に記したとおりである。また、すでにこのころには、最初に用意された製作費の大半が使われてしまっているという、今後の映画制作に関わる危機的状況も露呈していた。

撮影休止のはずが、いつか周囲からは、「本当に再開できるのか」「これ以上、金銭的負担を増やさないためにも、いっそ中止にすべきではないか」という声も囁かれるようになっていた。

五十嵐が、かつて彼の映画で助監督をつとめた川口浩史に連絡をしたのが、ちょうどこの講演の1カ月後のことだった。当の川口が語る。

「五十嵐さんの夜中の電話は、いつも酔っぱらっていて、僕はもう出ないで留守電にしているのですが（笑）、このとき、本当に珍しく昼間にかかってきたんです。咄嗟に、何か大事な用件なんだろうと思いました。彼は、言いました。

『映画が止まってしまって、どうしようもないんで、一度、話を聞いてくれないか。なんとか、また立ち上げたいんだ』

その後、直接会って、詳細を聞かされました。まず驚いたのは、映画の再開を見越して、まだ出演もしていない人にまでギャラを先払いしていたことでした。そうなると、今後、いざ再開となったとき、残った製作費では絶対的に足りなくて動けませんから、製作委員会に泣きついて増資を依頼したというんです。当然、委員会では、それはおかしいだろうとなる。

五十嵐さんは、いわば、製作委員会と現場との間で板挟みのようになっていましたが、僕は正直、これはもう無理だろうと思いました」

川口は、新たにプロデューサーとして参加してほしいという五十嵐の依頼を断るつもりで、2回目の打ち合わせの場に向かった。すると、思いがけず、そこには下野新聞の綱川がいた。

「綱川さんは、そこでこの映画に賭ける思いを、滔々と語りました。栃木はもちろんですが、日本中の人に荒井さん、島田さんのことを伝えたいと。その熱意に動かされ、僕はプロデューサーになることを受け入れたんです。だから、監督のためじゃない、綱川さんたちのために頑張ろうと思ったというのが本当のところです」

この後、年明けから、川口は、新プロデューサーとして、吉岡里帆ら役者のもとへも五十嵐とともに挨拶にも出かけている。

「そこで、吉岡さん側から、『’21年12月上旬の1週間なら』との言質をいただいたんです。ですから、そこから逆算して、さまざまな再撮影のプランを組み立てていきました。

予算も台本も、大胆な手術が必要と思いました。それに本格的に手をつけ始めたのが、'21年3月のことでした」

自ら監督経験もあり、業界の裏表も知り尽くした川口。地方紙で培った企画力と、ときにロケ現場で自ら2トントラックも操る行動力が持ち味の綱川。こうして、監督とともに歩んでくれるパートナーを得て、再び少しずつ前に進み始めた映画『島守の塔』だったが、当の五十嵐自身も、当時をふり返り、「このころがいちばんしんどかった」と打ち明けた。


沖縄の最初のロケで、11人がバタバタと倒れて止まったじゃないですか。でも、止まりはしたけど、すぐに再開できると思ってスケジュールも押さえていたんです。それが、コロナは一向に収まらないどころか、海の波のように何度も押し寄せてきて、予定していたプランも立ち消えになっていく。まわりからは、「いつやるんだ」「いつやるんだ」と言われて、それがボディブローのように効いてくるんです。そこに、追い打ちをかけるように予算の問題も浮上します。

完成補償という問題もありました。何があっても映画を完成させる責任を持つという契約です。実はこれも、言い訳にしかなりませんが、慌ただしい流れのなかで、しっかりと完成補償の責任の所在が決められていなかった。

新聞社も大変だと思います。製作委員会の下には実務を管理する運営委員会があるのですが、そこでは毎回予算についての議論になってしまうわけです。この間に使った金もすべてを監査して、その不足分は誰が責任を取るんだと。

さらに、万が一、ここで映画が止まったら、これまで協賛してくれた製作費はどこが持つのか。続けるといっても、すでにほとんど製作費がないなか、仕切り直してお金を集めるにはどうすればいいのか。僕自身も、自分の会社ストームピクチャーズが製作委員会に名を連ねていますから責任も生じるわけです。

僕は、『天国までの百マイル』で監督を途中で降板して、その地獄も知っているのですが、今回はコロナが原因ですから、誰も悪くないじゃないですか。ただ、正直、僕もあちこち頭を下げて、映画を一気に3本作ったようなしんどい思いを体験しました。

しかし、それでも僕自身、この映画を諦めるというのは、まったく考えません。それは、この映画で伝えたいことがあったからです。挫けそうになるとき、思い出す場面がありました。

まだコロナ禍が始まって間もないころです。映画撮影の準備段階の初期に、沖縄で女子生徒役のオーディションをしました。女子高生と8人ずつ何度か面接したんですが、驚いたのは、その8人のうち8人全員が、一度もひめゆりの塔に行ったことがないという回があったんです。沖縄の子たちですよ。まったく信じられなかった。このように戦後75年と言いながら、なかなか国民、特に若者に伝わらない現実があります。

映画というのは100年、200年、観ることができるものですから、この『島守の塔』も、僕が死んでも、みなさんが亡くなっても、永遠に残る作品にしなければと思うわけです。

「戦争」を伝えるために映画を断念するわけにはいかない

映画が中断される前の、わずか3日間ほどの撮影ができた沖縄ロケでは、吉岡里帆演じる凛のシーンも撮り始めていたというが、彼女が演じた軍国少女のキャラクター作りと、その背景にある皇民化教育をどう伝えるかについては、五十嵐自身、映画全体を通して最も苦悩したという。

戦後も10年以上が過ぎて生まれた五十嵐や私たちの世代に、声高に「戦争は悪だ」と言える体験もないし、知識も足りない。たしかに、親世代は戦争の時代を生き抜いてきたが、その話を聞いていたかというと、五十嵐とも今回改めて確認したが、互いにほとんどないのだった。親たちの側も、肉親の死も含むつらい体験を、あえて子供に話さなかったという事情もあったと思う。

ただし、戦争の傷跡は、私たちが少年時代を過ごした昭和30年代には、まだ町に残っていた。私は北九州小倉の出身だが、小学校の社会活動で陸軍の兵器工場跡を見学に行ったときのことだ。先生が言った。

「昭和20年の8月、原子爆弾が長崎に落とされる前に、ここ小倉が標的になっていたという事実があります。小倉にはこの工場があったから、本当に原爆が落とされていたかもしれません。もし、落ちていたら、あなたたちは、今、こうしてこの世に生きていないのよ」

少年のころに聞かされたこの言葉は、60年近くが過ぎた今も頭の片隅にこびりついている。

うちの親父は結核でバケツ一杯血を吐いたりして、戦場には行ってません。ただ、実家の近所で牧場を営んでいた僕のおじさんには、捕虜にもなってシベリアに抑留された体験がある。だから、酔うと出るのはロシアの歌だったりするのを間近で見てきました。

身近な戦争体験といえばそんなことや、小学生のときに見た沢田さんの写真集『戦場』だったりするわけだけど、僕自身も映画を撮るようになって、前にも話しましたが、『SAWADA』や『地雷』でベトナムやカンボジアに通ったり、『ナンミン・ロード』で難民の人と話したりするなかで、本当にその国やそこで起きた戦争について理解するには、今の状況だけを見るのではなくて、その過去の歴史からグロスで見なければならないと知るのです。そして今回、沖縄のことを勉強してわかったのは、同様に、その時代の社会背景を知ることの大切さでした。

その最たるものが、皇民化教育。これが、どれだけ当時の人にガチガチに刷り込まれていたかということです。国は、必死になって皇民化教育をしたじゃない。いちばん刷り込まれたのが、沖縄県民なわけです。現に沖縄では「天皇陛下、天皇陛下」と言って、その写真「御真影」も学校のそばに蔵みたいなものを作って、通りすぎるときには拝んだりしていた。そうした時代背景とともに考えないといけないと強く思うんです。

映画のなかでも、その皇民化教育などを含めて時代背景をどう伝えるかに苦労しました。吉岡里帆さんの演じる凛は、いわゆる皇民化教育に染まっている少女なんです。捕虜になったら男は殺され、女は強姦されるということが完全に刷り込まれているという状況を、現代の観客たちにどう伝えるかは本当に考えました。あの、ひめゆり部隊の存在すら知らない少女たちですね。教育とは、恐ろしいことに、その教えにより何万人もが命を落とすことにつながったわけですから。

映画『島守の塔』では、凛が自宅で妹の由紀と交わすこんな会話がある。島田のもとで警察部で働く凛に、由紀は当時の少女たちが抱いていたであろう率直な不安をぶつける。

由紀「凛ネエがもし捕虜になったらどうする?」
凛「自決する」
由紀「自決?」
凛「生きて虜囚の辱めを受けず。捕虜になるくらいなら死んだほうがまし」
由紀「凛ネエ、私、死ぬのなら一発がいいな」
凛「心配しないで。そのために沖縄に第32軍が配備されたのよ。精鋭部隊よ。水際で殲滅するために軍備を整えているって」

由紀「そうよね。日本が負けるわけないものね」
凛　「大丈夫。きっと神風が吹く」

由紀の「死ぬのなら一発がいいな」というセリフは、ひめゆり部隊の資料などを読むと、よく目にする実際の言葉なんです。それを、すぐは言わないで、お姉ちゃんの凛の顔をしばらく見たあとにニコッとしながら言うというシーンは、けっこうリアルだと思っています。それは、きっと苦しんで死んでいく人を、すでに当時の沖縄戦の日々のなかで大勢見ているんですね。由紀の「命令で集めて命令で帰すんですか」や、別の女学生の言う「私たちが死んだときは、誰が花を添えてくれるのかしら」と言う言葉も、自分で演出していて、今の若い子たちにも共感してもらえるセリフだと思っていました。由紀は、凛とは違う、普通の女の子ですから。

僕は、実在の人物を映画で取り上げてきて、そのたびに、けっこう資料は読み込むんです。そのなかで、リアルに感じた言葉は、なるべくそのまま使うようにしています。同様に、沖縄の現地での聞き取り取材からも、戦争の現実を学びました。兵士が死んでいくとき、いくら皇民化教育がなされていても、「天皇陛下バンザイ」と言って死んだ人は少なくて、ほとんどが「おかあさん！」と叫びながらだったそうです。

現代っ子でまだ20代の吉岡さんが、皇民化教育に染まった軍国少女の凛を演じる難しさはあったと思います。ただ、彼女は京都府の出身ですが、戦争の話を、広島在住の自分の祖母からよく聞いていたそうです。ですから、最初にこの映画の話がきたとき、

「自分のおばあちゃんから広島の戦争の話を聞いていたから、自分がその戦争の映画に出るのはどうなんだろうと思いました」

と話していました。

当然、自分でも考えたでしょうし、僕と撮影に入る前にも、今話したような沖縄の過去にさかのぼっての歴史までとことん話したら、彼女も吹っ切れたようです。

奇跡の出会いから映画が動きだす

戦争のなかの若者たちのリアルな感情や言葉を、ありのままに提示する。そうやって、五十嵐は、当時の沖縄の民衆の心身を支配していた皇民化教育の有り様を現代の人たちにも伝えようとした。彼なりの、歴史との真摯な向き合い方だと思う。

こうして、撮影が中断されている間も、常に皇民化教育や鉄血勤皇隊などについて、どう描くべきかを考え続けていたという五十嵐だった。

宇都宮での講演でも、話のイントロで、いつもの映画作りのスタート時と同じく、最初に荒井の墓参りをしたエピソードを明かしていた五十嵐。そもそも、彼がこの『島守の塔』を映画にしようと思ったきっかけは、なんだったのだろうか。

やっぱり、最初は、人づてに知ったんです。

’18年の春ごろ、まだ『二宮』の撮影の後半でしたね。本当は、金次郎の次には、元首相の田中角栄を撮りたかった。角栄が最初に新潟の選挙に通るまでを描きたかった。今の政治家がろくでもないというのも、動機の一つです。なかなか進展はありませんでしたが、資料集めなどは続けていた、そんなときでした。

「五十嵐さん。島田叡って知ってる？　名前は知られてないけど、田中角栄よりもっとおもしろい人物なんだ」

『二宮』の製作委員会のプロデューサーの方から、声をかけられたんです。そのとき聞いて、えっ、角栄さんよりおもしろい男、って思って。それで少し調べただけで、どんどん興味を持つんです。

沖縄最後の官選知事であり、行方不明になっていて遺骨も見つかっていないという経歴。魅力的だったのは、東大野球部のスターだったという事実。すばしっこくて、必死に塁に出る痛快な男というイメージがパーッと頭に広がっていったんです。あとは、あまり知られてないということ。なんで、これだけ功績もあり個性的な人なのに、と思いました。

沖縄に通い始めるのと並行して、取材旅行で、島田さんの地元である兵庫に出かけて、さらに荒井さんのこともよく知りたいと栃木にも行きました。その栃木の宇都宮で、下野新聞の人から思いがけず、「荒井退造は知っていますか?」と、声がかかるんです。

この出会いは、まさしく映画のようにドラマチックでもあった。時期は、'18年7月。下野新聞の綱川は、郷土のヒーローともいうべき荒井退造の2年後の生誕120年を前に、さまざまな企画を練っていた。

「うちの新聞でも、先輩たちが、ずっと無名の荒井さんを紹介する記事を書き続けてはいたんです。特に'15年に始まった荒井さんの生涯を綴った連載は評判となりますが、最も驚いたのは読者欄への投稿の多さで、『こんなすごい人が栃木にもいたのか』という反響です。それを見て、生誕120年の節目を前に、教育ビデオでもいいから荒井さんのことを映像で残したいという思いが強くなりました。実は私自身、映画作りにも関わっていて、『檸檬のころ』(07)という映画ではエグゼクティブプロデューサーとして全編栃木ロケをお手伝いした経験もあったんです。

そこで東宝に相談したところ、『SAWADA』や『みすゞ』など実在の人物の映画化で定評のある監督がいると紹介され、五十嵐監督に会うことになりました」

初対面の場で、五十嵐が綱川に尋ねる。

「新聞社では、どんな仕事をやられてるんですか」

「私は営業局の人間ですが、いわば新聞とビジネスを結びつける役目をしていて、映画作りに関わったこともあります。今も、ある映像作品を計画してるんです。もし、実現できるなら、荒井退造を映画にしたいと思っています」

「えっ！」

「ご存じですか、栃木の宇都宮出身の荒井退造ですが」

「ご存じも何も、実は僕、明日、荒井さんの生家を訪ねる予定なんです」

今度は、綱川が「えっ！」と叫ぶ番だった。五十嵐もまた独自の取材を進めるなかで、ちょうど荒井の出身地まで辿り着いたところだったのだ。その場で、綱川はこう申し出たという。

「だったら、島田さんと荒井さんは、沖縄戦の最後に県民のために奔走したふたりなのですから、彼らを主人公にした映画はどうでしょうか。仮タイトルは、『島田と荒井』で」

これを受けて五十嵐は、早くも1カ月以内にシノプシス（あらすじ）を作ってくると約束。綱川も、これをどう事業化するかということを考え始めていた。

「うちも含めて、地方新聞社はけっして金持ちじゃありません。出資できる金額も限られます。そこを、何社か集まれば突破できるんじゃないかと、その瞬間思いました。同時に、この新しい試みで、地方を元気にすることができるんじゃないかと」

やがて綱川が音頭を取り、地方紙の横のつながりで島田、荒井の両名にゆかりある沖縄、兵庫の新聞社にも声をかけていく。その結果、下野新聞社に加えて、神戸新聞社、琉球新報社、沖縄タイムスなどが参加し、'19年9月5日には製作委員会が立ち上がる。さらに同年12月には毎日新聞社も加わり、最終的には、かつてない新聞社5社からなるバックアップ体制ができ上がった。

その後は、この下野新聞がいつも先頭に立って、新聞社間の連絡をしてくれたり。そのなかで、栃木、兵庫、沖縄という地方3カ所を結んでの、映画支援のトライアングルが完成するんです。

同時に、僕のなかで、どんどん映画のイメージが具体化していきました。島田さんという人物の故郷には海があって、東大卒で、スポーツマンでというキャラクターがあって、一方で、荒井さんは泥臭い田舎の出で、明治の夜間を出て、寡黙でという対比も絶妙で、人間の組み合わせとして映画的にもおもしろいなと思っていました。

ヤマトの人間が沖縄戦を撮る意味

五十嵐にとっては、荒井退造は、『地雷を踏んだらサヨウナラ』の一ノ瀬泰造以来、ふたり目の〝タイゾー〟だった。この巡り合わせには驚いたと、本人も語っていた。

その後も沖縄通いを続けていた五十嵐だったが、あるとき、ずっと抱えていた宿題の答えに、ふと気付いたという。ヤマトンチュ（本土の人）である自分が、この映画を撮る意味である。

僕の出身地である青森と沖縄って、すごい離れているじゃないですか。僕も遠いと思っていたし、最初はリゾート的なイメージしかなかったというのは、前に話したとおりです。でも、通い続けているうちに、その思いが変わっていたんです。意外と、沖縄と青森はメンタリティーが近いといいますか。言葉より行動で示すこととか、なんとなく似ているな、と。

自分で言うのもおかしいですが、沖縄について人一倍勉強もしたし、何度も通ううちに、青森出身の僕がこの沖縄の映画を撮るという意味が、ようやくわかった気がしたんです。

それは、この映画の主人公のふたりが、ヤマトンチュであるということ。島田さんも、荒井さんも、沖縄の人じゃないから、外から見た沖縄戦という視点ならば、僕も撮れるんじゃないかと思ったんです。津軽人の僕には、島田さん、荒井さんという本土から来た人たちが、あのときの沖縄で感じたことを描くしかないと。また、それだったら、沖縄の人たちも受け入れてくれるんじゃないか、おもしろがってくれるんじゃないかと気付いたんです。

そうやって、映画は動き出して、さらにその現場の作業のなかで、僕は島田さんと荒井さんふたりの人生を通じて、改めて沖縄のことを知っていき、ますます沖縄は深い、と思うわけです。

みんな、違うんですよ。戦争のときの経験や行動が。こうだろうなと思って聞くと、違うことがけっこうありました。たとえば、洞窟のなかで、自決したりするじゃないですか。その一方で、酒飲んで、カチャーシーを踊っている場合もあったりして。でも、それが真実じゃないかと。人間って、そんなに長期間、緊張し続けたり、苦しみ続けたりもできないじゃないですか。どこかで、人間が、どっこい生きてる、みたいな部分が出るようにできないかと思っているんです。

その意味では、やっぱり、この映画でも、僕は混沌を味わっているのだと思います。

たとえば、職務一徹と思われる荒井さんが、実は息子たちへの手紙には、人事異動のあと、「今度、沖縄から動かなかったので、お父ちゃんはつまらなかった」と書いています。本当は、彼も沖縄を出られるんじゃないかと期待もしていたんです。でも、それは、人として、父親としての素直な気持ちですね。僕は、映画監督として、そういうところに注目してしまう。

企画賛同者と資金を募って全国行脚開始

五十嵐が沖縄に通い始めるのとほぼ同時に、資金集めもスタートする。一口に製作資金というが、数千万円とか億単位という巨額なお金の動く世界だ。『島守の塔』では、どのように製作費を集めていったのだろうか。特にこの映画では、5社の新聞社が製作委員会に加わっているのも注目される。

製作委員会が立ち上がるころには、少しずつ、同志というか仲間が集まってくるんです。その数が徐々に増えていくと、不思議なことに、ひょっとして、これ、できるんじゃないかと思えてくる（笑）。だって、映画って、企画の段階ではいわば怪物みたいなもんで、得体が知れないものなんです。

ですから、そこから、じゃ、スタッフは誰に頼むんだ、役者はどうするんだ、どれだけの規模になりそうなんだと、委員会設立後もまだ侃々諤々やっているわけです。

そのうち、今回は特に新聞社のできることは何かと考えたら、マスコミの特性を生かして告知をする。よし、同時にサポーターも募ろう、これは1人5000円とか1万円で受け付けよう、と。

やがてスタッフが五十嵐組を中心に集められ、役者も拘束期間やギャラを詰めていって決まり、新聞社の告知やホームページを通じてサポーターも増えていく。そうやって、少しずつ、何かの運動のように盛り上がっていったんです。

たいがい製作委員会ができると、そこの人脈から枝が出てきてスポンサーも決まってきます。大きな枝、小さな枝。もちろん待つだけではなく、どんどん営業もかけていく。今回は、神戸新聞が地元企業とのつながりから大手書店に話を持っていこうとか。この書店は神戸発祥で、会長が兵庫高校で島田さんの後輩なんです。また下野新聞では、宇都宮の大きな病院の会長さんが沖縄出身だから声をかけてみようとか。

そうしたなか、五十嵐が「10分だけ、話をさせてください」といって〝押しかけた〟のが、武陽会という県立兵庫高校の同窓会の東京大会だった。

まだコロナの影もない'19年の終わりごろだった。東京・飯田橋のホテルの宴会場に行くと、

100人くらいのスーツ姿の年輩者が語り合いながらビールなどを飲んで、かなりくだけた雰囲気だったという。そこへ司会者が、

「今度、こちらの五十嵐監督がわれわれの大先輩である島田叡さんの映画を作ります」

すると、参加者らは一度は注目するが、酒も入っている場でもあり、またすぐにガヤガヤと元の喧騒に戻ってしまうのだった。

話をする前に、自己紹介代わりに『二宮金次郎』の予告編を流すことになっていた五十嵐は、司会者に頼んで、まずそのボリュームを最大限に上げてもらったという。そして、何事かと注目が再度集まったところで、この『島守の塔』にかける思いを語り始めたのだった。


正直、どれだけの人が真剣に聞いてくれているのかと思いながらの10分間でしたが、それでも、早くも翌週には約600万円の協賛が決まったんです。

これは、僕の話に感動したというより、やはり、前々から島田さんのことを思っていて、この時代、どうにかしなきゃダメだと感じていた人がいたと思うんです。その人が、この映画の主旨に賛同してくれた。

監督って、子供みたいなもんで、映画を「撮りたい、撮りたい」と言って、津軽弁で「ごんぼ掘る」と、すると誰かが撮らせてくれるわけですよ。ごんぼ掘るというのは、標準語にすれば、ごぼうを掘ることだと思うんですが、青森では、地面に寝ころがって駄々をこねる

ようなニュアンスでしょうか。とにかく、自分のやりたいことをやらせてくれと、ジタバタするわけです。

その代わり、お金を出すわけですからね。相手は、見抜きますよ。ただ泣いてるのか、ちゃんとやることやって泣いてるのかと。

泣き方は、相手によって変えたりしません。そんな器用でもないですし。ただ、嘘偽りなく、映画にしたい思いを伝えるだけ。ただし、自分はこれだけ準備しましたと、汗をかいたことは、きちんと提示する。手紙だったり、脚本の第1稿だったり。そのための、直筆の手紙なんです。

心に響くかどうか。響く人には響くんだと思います。あの武陽会のガヤガヤした同窓会でも、響く人がいたんですね。でも、そのひとりから映画って動き始めるものなんです。

スタッフがネットフリックスに流れるなかで

「おかげさまで、つい先週、撮影の再開が製作委員会で決まったよ。まだ緊急事態宣言のなかだから公にはできないけれども、コロナが徐々に収まりつつあるから、今年の11月ごろにかけて、また動き出せそうだ。

ちょうど、島田さんのドキュメンタリーや朗読劇も始まるようで、周囲も盛り上がってきているし。僕自身も、これから沖縄はじめ各地での講演も控えてます。まだまだ、お金集めも真剣にしなきゃならないし。プロデューサーも変わっていろいろ大変なことも多いけれど、オレも頑張らんないとな」

コロナ禍の始まりからおよそ1年が過ぎた'21年春、五十嵐からこんな連絡があった。赤坂から移転した埼玉・北浦和の新オフィスでの2度目のインタビューでは、久しぶりに五十嵐の明るい声が聞けた。このころ、コロナの、いわゆる第3波が収まりを見せていた。とはいえ、世の中の自粛生活は続いており、依然として、誰もが先の見えない閉塞感の中にいる状況であった。五十嵐自身も、先の言葉に続けて、

「また、そのころ、コロナがどうなっているか、わからないけどな」

と、不安そうな表情を見せた。

そんななか、3月にはTBSでキャスターなどを務めた経歴を持つ佐古忠彦監督の『生きろ島田叡――戦中最後の沖縄県知事』が公開されることが報じられていた。こちらは島田に迫ったドキュメンタリー映画で、東京・渋谷のユーロスペースなどで上映が予定されていた。また6月には、五十嵐の映画に基づいた朗読劇『島守の塔』が元宝塚女優らにより公演予定となっていた。

少しずつ映画館や劇場も再開していたが、入場者数も50パーセントに制限したり、模索しながらの状況がまだまだ続く。

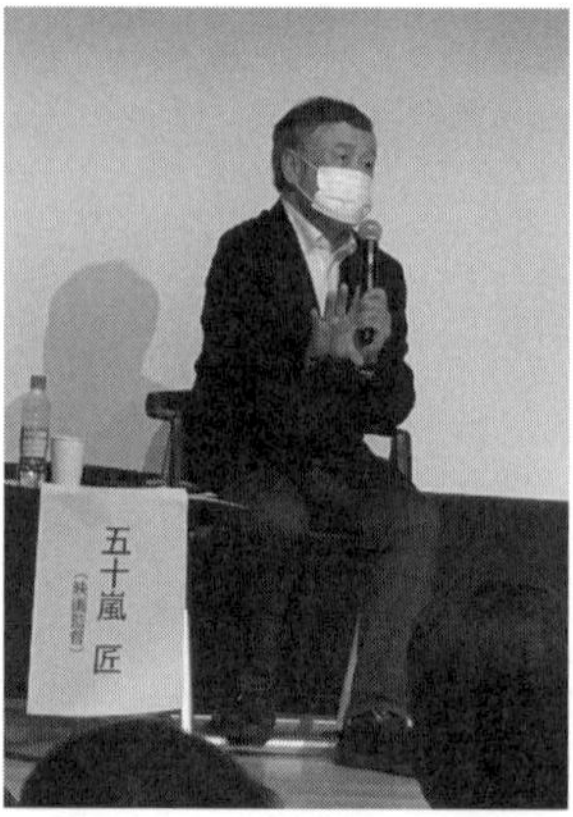

五十嵐監督は、『島守の塔』撮影中断時も各地の講演で映画製作の支援を訴えた。写真は2020年11月7日、東京都写真美術館の『SAWADA』上映会後のシンポジウム

今が、本当に正念場。

映画が完全に止まっているなか、スタッフには電話オペレーターのバイトをしてる人もいる。そうかと思えば、優秀なスタッフほど、ギャラがよくて、拘束期間、つまり仕事が保障される期間も長いネットフリックスに流れていると聞いています。

役者も、『島守』では、男性の俳優さんたちは、沖縄ロケが始まった時点では役作りで坊主頭の人も多かった。休止期間が長引くと、その髪の毛もだんだん伸びてくるわけです。撮影が再開したら、また坊主になってもらうし、また痩せなきゃならないでしょう。きっと、この間も自分で体重も管理していると思うんです。本当に、申し訳ない。

一方でテレビはボンボン撮影もして、番組もやってるじゃないですか。ここでこそ、映画の根性を見せないと。その映画の存在自体、今、ちょっと軽く見られているように感じています。デジカメで簡単に撮って、それで作品となったり。それも映画でしょうが、僕の考える映画は、多くの人が関わって、一つの過程を乗り越えた先に完成できるものという考えがあるんですね。古いのかもしれませんが。

ただ、うちの『島守』のように、途中でコロナによる中断を挟んで、また動き出そうとしている映画というのは本当に珍しいケースなんです。普通は、休止になって、そのままさわられないで、うやむやに終わります。

ですから、僕も監督として、この中断期間を無駄にしないように過ごしてきたつもりです。一つが、脚本の内容を深めながらも、予算のことを考えて同時に撮影期間を短くできるような工夫もして手を入れました。具体的に言えば戦闘シーンを削ったり、疎開シーンのエキストラを300人欲しいのを100人にするとか、シーンをつなぎ直して1日で撮影できるようにするとかでした。

コロナを超えて、日本映画界でやらなきゃならない、やるぞというのが、僕もスタッフも役者さんたちも、それぞれの頭のなかにあるんです。『島守』は今、さまざまな思いを受け止めながら、かろうじて生き延びているんです。

関係者たちは、死にかけた映画に懸命の蘇生を図っていた。

次章以降では、これまで何度か五十嵐の発言に出てきた、地獄を味わったという大作映画『天国までの百マイル』降板の顚末が初めて語られ、続いて「地方創世映画」誕生の裏話を記していく。

証言

木村泰文 ── ダイワ運輸代表取締役・県立兵庫高校OB会・武陽会会員

「島田さんの後輩の私らが、ここでひと肌脱がんと洒落にもならんやろう」

1951年、神戸市出身。ダイワ運輸（本社・神戸市西区）代表取締役。島田叡の出身校である兵庫高校の後輩で、同窓会「武陽会」会員。武陽会は、代々「島田叡氏事跡顕彰事業」を継続しており、島田の遺骨捜索を同校OBが今も続けている。

五十嵐さんと初めて会ったのは、武陽会の東京での集まりでした。そこへ、五十嵐さんがゲストでやってきて、これから作ろうとしている『島守の塔』の映画について熱く語った、いや、まさしく「吼えた」んです（笑）。

「島田さんたちのやったことを風化させてはいけないんです」

と、それは熱い語り口でした。

正直、五十嵐さんの話を聞くまで、それほど真剣にOBの島田さんについて考えたことはありませんでした。昨今の卒業生は、大多数がそうだと思います。わかっていたのは、大先輩の島田さんという人が沖縄での戦争のときに、政府や軍に逆らってまで県民を守り、自分の生き方を貫いたということ。学校の片隅に「合掌の碑」というモニュメントがあるんですね。でも、それがなんの目的で建てられたかというのも、恥ずかしながら知りませんでした。あとで、それが島田さんの業績を顕彰するもので、沖縄の方を向いて建てられていると知るんです。

五十嵐さんの話を聞いてから、自分なりに島田さんのことを勉強して最も感じたのは、あの時代に、選挙で選ばれた知事でもないし、国家公務員のひとりとして命令で沖縄へ「行ってこい」と言われて赴任した。そして沖縄県知事として、国家イコール軍部という時代に、その軍に逆らってまでも県民保護に尽くした。つまりは、命懸けの行為でした。

簡単に比較はできませんが、ウクライナでコメディアン出身のゼレンスキー大統領が、国から逃げずに自らカメラの前に出て情報を発信し続けています。見事と思うんです。戦争の責任者や兵隊さんが弾に当たるのは、ある意味、宿命もあるかもしれませんが、しかし民間人は違う。そこを、島田さんも見極めたのかなと思うんです。よく考えれば、最初は戦争を起こした側の人間でもあったわけじゃないですか。その原罪意識もあったのかな、と想像したりもしました。きっと、沖縄で、艦砲射撃もあって、多くの人が亡くなっていくなかで、「自分は何をしているんやろう」と考えたと思うんです。

この映画は、いわゆる収益を見込んだ娯楽作とも違うと思いましたし、まずは製作資金集めから苦労していると聞いて、単純に、島田さんの後輩の私らが、ここでひと肌脱がんと洒落にもならんやろう、と思いました。その気持ちをかたちにするとき、私は自分にできる範囲の資金提供でお手伝いさせていただくことにしました。

映画に協賛することで、エンドロールに会社名が掲載されるとのことでしたが、70代になっていた私は、その宣伝効果より、社内もそうですが、世の若い世代の人たちに島田さんや荒井さんのこと、沖縄戦の歴史を映画を通じて知ってほしいと思いました。

私は、東京の会で出会ってから、すっかり五十嵐さんのファンになって、クランクイン前の沖縄での祈願祭から、再び沖縄でのクランクアップまで見学させてもらいました。現場でのスタッフも役者さんも、監督を中心にして、みなさんが懸命に頑張っている姿を見ていましたから、コロナで撮影が中断したときも、きっとまた復活すると信じていました。

証言

綱川仁士①――下野新聞社営業局ビジネス開発室室長・『島守の塔』製作委員会メンバー

コロナ感染疑惑で沖縄ロケ中断と聞いた瞬間、「終わったな」と思った

1969年、栃木県生まれ。これまでも多くの栃木県をロケ地にした映画の製作に関わってきた。『島守の塔』では、企画のスタート時から関わり、ほとんどのロケ現場で縁の下の力持ちとして活動し、プロデューサーの川口は「もうひとりのプロデューサー」と呼ぶ。

この映画に関わることになったとき、思ったことがありました。

地方の新聞社で働く私は、社内で伝統的に編集局と営業局との対立があるといった居心地の悪さを感じることもありました。一方、映画の世界も、いまだに〝○○組〟とか、スタッフもファースト、セカンドと序列があるような世界です。

だからこそ、この二つの古い体質を引きずっていて、かつ右肩下がりの業界が組むのならば、よい面に目を向けなければなりません。新聞社は地方における信頼性を、映画界はエンタテインメント性をというように、互いに長年培ってきたものを生かして、両者のタッグでなんらかの化学反応を起こせるんじゃないかとの期待がありました。

同時に、新聞社ならではのネットワークを生かし、スポンサーやサポーター集めをしていくなかで、この『島守の塔』という映画をきっかけとして、低迷する地方経済の起爆剤になればと思うんです。現実に沖縄、兵庫、栃木というトライアングルができて、まずは3県から地域起こし的に盛り上げていこうという空気も生まれていました。

そして、いよいよ映画の沖縄でのロケが始まったと思ったら、あのコロナ感染疑惑の電話でした。すぐに私も沖縄入りしましたが、現場でわかったのは、スタッフがコロナを恐れただけでなく、沖縄の地元の人たちもまた恐怖を感じていたということ。聞けば、東京から来た撮影隊がコロナを持ち込んだとのウワサがSNSで流されたこともあったという。続いてロケ地からも協力NGの知らせが届くに至り、製作委員会としては中断を決定するんです。2020年4月1日のことでした。さあ、トラック6台分の残された荷物をどうするかなど、その日から次々と難題が押し寄せてきました。

このときは私も、「終わったな」と思いました。というのも、映画製作で、一度中断して再撮影などありえない、と多くの業界の人から聞かされていたからでした。

もっとショックだったのは、中断後、製作費の清算をしたら、撮影が行われた最初の4日間だけで、4分の3が使われていたこと。

結局、当初の予想を裏切ってコロナが長引いて、夏ごろには、コロナの問題以前に、製作費不足で映画は再開できないのではないかという事態に陥るんです。

ここで、映画が消滅しなかったのは、一つには、「これは公開すべき大切な映画だ」ということ。そしてもう一つ、やはり地方紙が関わっていたことが大きいと思うんです。各紙には、地元と長く向き合ってきた歴史があります。『島守の塔』でも、多くの地元企業や団体、個人の方たちに協賛していただいています。この人たちを裏切らない、きちんとかたちにして恩返しをする、その基本姿勢があったから、なんとか続けようという方向で結束できたんだと思います。

そこから、起死回生をかけて、改めて個人サポーターの募集などに力を入れるんです。たとえば、島田さんの母校の同窓会の武陽会で2万5000部発行の会報誌に記事を載せてもらうと多くの協賛金が集まったり、例の宇都宮での五十嵐監督も講演したシンポジウム後には、それまで200口だったサポーターが一気に3000口にまで増えました。

そうやって、監督はじめスタッフも、それから協賛企業のみなさんや私たち製作委員会も、みんなが撮影再開のときを、「必ず来る」と信じ、万全の準備をしながら待ち続けました。

第 7 章

『天国までの百マイル』『みすゞ』
『HAZAN』『アダン』
『長州ファイブ』『半次郎』『十字架』

『天国までの百マイル』の挫折から地方創世映画へ

『天国までの百マイル』降板の真相

「監督として疾走できるのは40まで」

そう語る五十嵐が、ギリギリの年齢である40歳だった'99年に公開された『地雷を踏んだらサヨウナラ』は、当初思い描いていたとおり、若い人を中心にヒットした。

浅野忠信のキャラクターに一ノ瀬泰造のイメージがぴったり合ったのも大きいだろう。この映画を機に浅野自身の人気もさらに高まっていく。また、若者を対象に、カメラを持参したり迷彩服を着て映画館を訪れると割引されるなどのキャンペーンも大きく功を奏した。

たしかに『津軽』の、わずか3人の観客のうち2人がスタッフだったというころを思い出すと、監督を務めた五十嵐が、彼自身の言葉を借りれば、「天狗になっていた」としても仕方ない。

『地雷』は、館数は少なかったものの、劇場に聞くと「今日も立ち見でした」という反響で、特に若い女性たちがカメラをぶら下げて押しかけたのがうれしかった。

そんなとき、『地雷』で初めて組んで、プロデューサーだった奥山さんから、「そろそろ、次、やらないか」と声をかけられるんです。企画について尋ねると、

「『天国までの百マイル』だよ」

原作者の浅田次郎さんは、当時、小説も映画も大ヒットした『鉄道員（ぽっぽや）』で飛ぶ

鳥を落とす勢いの人。その浅田さんの原作を映画化するという話でした。

すぐに出版社で浅田さんご本人とも会って、こちらは少し緊張していたんだけど、ぜんぜん気難しい人じゃなくて、話はどんどん進んで。脚本も上がっていて、やはり田中陽造さんという大御所の作で、よくできていた。いくつか気付いたことも話し合ったりしていくなかで、僕の前にも何人か監督の候補がいたような雰囲気も感じたのを覚えています。

そのうち、役者たちも決まってくる。時任三郎さんと八千草薫さんが主役で大竹しのぶさん、今度の『島守』にも出る村上淳さんとか、まあ、錚々たるメンバーで、つまりは大メジャー作品なわけです。


原作の『天国までの百マイル』は、バブル崩壊後、ダメ中年男が心臓病の母をバンに乗せて160km（100マイル）離れた心許せる医師のいる海沿いの病院まで連れていくというストーリー。これを映画化すれば、感動のロードムービーになることは誰もが容易に想像できただろう。原作・浅田次郎、脚本は『ツィゴイネルワイゼン』『陽炎座』（'81）などの田中陽造、そして監督が五十嵐匠となる。彼は、迷うことなく返事していた。

「僕に、やらせてください」

「はい。じゃ、よろしく」

安心したふうな様子の奥山が、続けて尋ねた。

「カメラマンは、どうしよう」

「キャメラは大事なんで、僕に選ばせてください」

五十嵐は、即答した。頭に浮かぶ人物がいたからだが、実は、この瞬間から歯車は狂い始めていた。

結論から言えば、このわずか数カ月後、五十嵐は、この大作を手がけるチャンスを、撮影の中途で手離す。映画の作品紹介などで『天国までの百マイル』を見ると、五十嵐匠の肩書には〝協力監督〟とある。協力監督って、なんだろう。彼がそう呼ばれることになる経緯は、これから綴っていく。

今から20年ほど前、この映画のタイトルは、私にとっても忘れられないものとなった。やはり、五十嵐の深夜の電話から始まった。

「『天国までの百マイル』、降りたよ。まあ、いろいろあってな」

その後も何度も会い、何度も酒も飲み、そのたびにこの映画を降板したことだけは悔しそうに、また怒りを滲ませて話すし、ときには「もう、映画はやらないかもしれない」などと愚痴りもするのだが、そのとき現場で起こった真相については、

「オレたちの業界、いろいろあるんだよ」

そう言うばかりで、ついに真相を打ち明けてくれることはなかった。こちらも、それ以上は聞かなかった。ところが、20年以上が過ぎ、今回、この本を作るに当たってのインタビューで、話

題がこの映画に差しかかったとき、彼から言い出した。

「いや、僕の本を書いてもらうのなら、全部、きちんと話しておくべきだと思う」

それほどの長い時が必要だったのだろう。彼は、「たしかに、あのころ、オレも『地雷』がうまくいきそうで、天狗になっていたところもあったし」と言いながら、映画降板の経緯を初めて話し始めた。

そのカメラマンA氏は、これまでドキュメンタリーで三里塚の記録映画を撮ったり、僕自身もファンだった映画『竜馬暗殺』('74)などを手がけていて、そのうえ同郷ということもあって、いつか仕事をしてみたいと思っていたんです。年齢は、僕より20歳ほど上の業界のベテランでした。

初めて会ったのは、歌舞伎町のその人の行きつけという飲み屋で、青森の話をお互いにしたりして、『天国』の撮影を担当してもらうことには、すぐにOKをもらえた。

その後も、僕は僕で、大竹しのぶさんから、「私の演じるこのヒロインの女性は、監督にとってどんなイメージなんですか」と聞かれて、「こういう人になってください」と言いながら棟方志功が彫った女性の絵を贈ったり、まあ、監督としての演出上の準備も順調にいっているつもりだった。

ところが、クランクインした直後から、現場で、少しずつ違和感を覚えるようになるんです。

まず知っていてもらいたいのは、映画では、監督、カメラマン、主役のトライアングルがとても大事なんです。互いに信頼して三角形が保たれていないと、現場はうまく進まないもの。

ところが、いざ撮影が始まったら、Aさんは僕の指示を聞かなかったり、勝手に始めたりということを何度も繰り返すんです。役者さんもスタッフたちも、明らかに戸惑っていた。

もちろん、意見がぶつかるというのは当然あるし、けっして悪いことじゃない。でも、僕にとって、Aさんのやることは、ほとんどがちぐはぐな行為に見えた。一緒にいい作品を作っていこうとしている態度には見えなかった。

だから、僕も、このままじゃまずいなと思って、現場のラインプロデューサーに言って、インから5日ほど経ったとき、1日、撮休にしてもらったんです。そういえばと、撮影に入る前にもAさんが何度もロケハンをすっぽかしたことがあったのを思い出したり。逆に僕はロケハンもすべて行きましたから、そのことを思い出すと、やっぱり悔しいというか、このまもやもやした気持ちのまま仕事をすることを、もったいないように感じていました。

しかし、そのプロデューサーから返ってきたのは、

「監督が降りてこの映画を成立させるか、降りずに映画をなかったものにするか」

というもので、僕がまったく想像していない言葉だったんです。

いきなりの最後通告だった。そこから、五十嵐の深い葛藤が始まった。

人生でこれまでなかったぐらい悩み、考えました。相当なお金のかかっているメジャー作品じゃないですか。僕が残ることで、その企画が潰れると言われれば僕自身の責任も出てくるし、制作プロダクションなどにとっても死活問題となる。

現場をふり返ると、本来は監督である僕がカメラマンを降ろして違う人を連れてくればいいのだろうけど、このとき大きな問題があった。それは、役者チームのあるリーダー的な俳優がカメラマン側について、僕の指示を無視するようになっていた。向こう（カメラマン）は過去には撮影での受賞歴もある人だし、僕は『地雷』をやって手応えは感じていたけど、業界的にはまだたいしたキャリアもないわけです。まあ、天秤にかけられたのでしょう。

その俳優が向こう側についたのを見て、他の役者さんたちも、なんとなく僕のほうを向けなくなったようにもなっていた。その現状を見つめ直したとき、僕は決心しました。

「じゃ、僕が降ります」

とプロデューサーに伝えるんです。ただし、一つだけ条件をつけました。それは新しい監督を連れてこないで、今の演出部から代わりを出すこと。つまり、僕のチーフ助監督をやっていた人物にやらせてくださいと頼んだんです。結局、この条件が受け入れられて、僕はクランクインからわずか1週間ほどで正式にこの映画を降りました。

あのとき、僕がカメラマンA氏の意見も全面的に入れるようにして、穏便に進めることもできたと思います。でも、やっぱり、監督として自分の気持ちを誤魔化すことはできませんでした。

降板が決まったあと、演出部の4人と車座になって冷たい弁当を食ったとき、「僕も監督と一緒にやめます」という助監督もいたんだけど、止めました。僕のせいで、映画自体を止められませんから。そのとき、彼らとともに僕の味方をしてくれたのが、今も一緒にやっている照明部の山川英明さんでした。

それで、また映画は動き出して完成します。のちに映画紹介で付けられた〝協力監督〟というのは、僕自身は絶対に名前は出さないでほしいと言ったんだけど、旧知の奥山さんが気をつかってくれたんだと思う。よくよく考えれば、自分の連れてきたカメラマンが原因で辞めたわけです。僕の責任でもある。まさに僕は、地雷を踏んでしまった。地雷を踏んでサヨウナラになってしまった。フフフ、笑えないよね。

話の最後には自虐的なジョークを交え、初めて『天国までの百マイル』の降板について語った五十嵐。もちろん彼の負った傷の深さは、簡単に「わかる」などと言えるものではないのだろう。私は、尋ねた。当時、誰かに相談したのかと。すると彼は、言った。

「できないよ、そんなこと。あそこで堀ノ内でも誰でも相談できていたら、それほど大変なことじゃないんだと思うけど」

五十嵐らしいと思った。そして、その当人が言うには、この降板を彼以上に悲しんだのが、当時の妻だった。

彼女は駆け出しの女優で、いわば同業者で、僕の苦労も見てきた。『地雷』に続いて、『天国』という大きなチャンスがきたときは、「よかったね」と大喜びで、本当に期待していたと思うんです。

彼女自身が、女優として役をもらうために撮影所に置いてある台本を誰より早くめくっては、プロデューサーに「これ、やりたいんです」と自己アピールするなどして頑張っていたから、余計に僕の気持ちもわかってくれていた。降板を伝えたときは、ワンワン泣きましたから。その背中を見るのが、正直、自分のことよりつらかったです。

監督と役者で、いわば一緒に夢を追いかけている関係でしたから、僕がチャンスになるはずの映画から降板したことで、そのふたりの夢も潰してしまったという面もありました。現実的に、僕が職を失うかもしれない事態を招いたわけです。それで生活の問題も出てきて、彼女も女優業に集中できなくなったということもあったと思います。このあと彼女とは別々の道を歩むことになりますから、そこは、今でも申し訳なかったと思うんです。

だからこそ僕は、現在でもオーディションに訪れる人たち一人ひとりと真剣に向き合わなければと、自分に言い聞かせています。それは、スタッフに対しても同じ。夢ある人に、僕の現場にはいてほしいと思うんです。

この『天国』降板のときばかりは、一時は監督をやめることも本気で考えました。というか、もうできないと思いました。あの話題作に加わりながら、途中降板してしまったわけですから。狭い業界では、すでに「あの監督に頼めば途中で降りられてしまう」と噂も流されていて、仕事は二度とこないだろうと。まあ、引退とまでは思いませんが、これ以上は撮れないかもしれない、もっと言えば、業界で干されるかな、と覚悟もしましたね。

最後になんの縛りもない映画を作りたい

しかし、この映画『天国までの百マイル』での体験が、監督としての五十嵐の大きな転機になった。

改めて、トライアングルの大切さを思うわけです。そのころからですね、組として動くようになったのは。いわゆる〝五十嵐組〟で、照明の山川さんたちがその中心のスタッフ、仲間です。

以降は、うちの現場は、そんなに大きな争いごとはありません。それは、僕が『天国』で地雷を踏んで勉強したこと。

当のA氏は、その後、別の映画では自分で監督もやったようですから、きっとキャリアを積むなかで、そういう志向があったんでしょうね。『天国』で、僕をぺーぺーの監督と思って、言いたいことが全部通ると思ったのもしれません。でも、僕も若いとはいえ、いや、若くてとんがっていたから、ぶつかったわけですね。というより、映画作りでは、やっぱり妥協はしたくありません。まあ、偏屈なのは認めます（笑）。

そして、思うんです。

映画をやめてもいいけど、その前に、もう1本だけ、好きに作ろう。しがらみも、誰の指図もなしに、自分の作りたいように映画を撮ってみよう、って。

『天国』を降板後、日を置かずして、僕は東京を遠く離れて山口県にいました。けっして、傷心の旅なんかじゃありません。この機会に、ずっと温めていた企画を進められないかと思ったんです。

種田山頭火の映画化です。それで、まずは山頭火の旅した足跡を辿ろうと、彼の滞在した温泉場などを巡りました。

その旅のなかで、たまたま話を聞いた人から、「この人を知ってるかね」と1冊の詩集を渡されます。それが、金子みすゞとの出会いでした。山頭火、中原中也とともに、山口の三大詩人と呼ばれる女性詩人だといいますが、恥ずかしながら、日文科出身ですが、初めて聞く名前でした。その本に、この詩が載っていました。
『昼のお星は眼にみえぬ　見えぬけれどもあるんだよ　見えぬものでもあるんだよ』
「星とたんぽぽ」です。じっと物事の深淵を見つめるような作者の視線を感じました。こんな深い詩を書くのはどんな女性なんだろうと思って、また調査をし出すんです。

この旅のきっかけが、九州の病院長の存在であったことは5章で記したとおりだ。

金子みすゞ（1903年〜1930年）は、大正末期から昭和初期に活躍した童謡詩人。山口県の現仙崎市に生まれ、下関の書店で店番をしながら詩作を続ける。結婚し、ひとり娘を持つが、夫に詩作を禁じられたり、離婚の際の親権問題に苦悩したりした末、服毒自殺する。奇しくも、一ノ瀬泰造と同じ26歳で亡くなっている。

みすゞの詩は長く忘れ去られていたが、'84年、児童文学者の矢崎節夫により発掘、出版され、「私と小鳥と鈴と」「大漁」などの作品で一大ブームを巻き起こす。2011年3月の東日本大震災のときには、その詩「こだまでしょうか」が公共CMなどで盛んに流され注目された。思いがけず出会った天逝詩人の作品が、いわば八方塞がりの状況にいた五十嵐の心にジンと染みた。

山頭火の映画化が件の院長さんの資金提供が止まったことで中断したことから、僕は、その旅のなかで偶然知った、金子みすゞをなんとか映画にしたいと思うようになっていました。

映画『みすゞ』山口県でのロケ。これで最後になってもいいと自由に好きなように最後まで撮りきった

詩を読んで印象的だったのは、深淵にして、まっすぐな彼女の視点。夭折の詩人として知られる彼女は、本当はどういう女性だったのか。それを、映画作りを通じて知りたいと思いました。

大きなお金でなくても、とにかく誰の縛りもなく作りたい。自主映画みたいでもいいや、と強く考えていました。それは、最後に好きに作って、これでダメならしょうがない、という気持ちがあったから。まあ、『天国』を引きずってはいたんです（笑）。

で、当時、PR映画などをやっていた桜映画社に話を持っていくと、そこの女性プロデューサーが福間順子さんという山口の光市出身の人で、その場で「これ、やりたい」と言ってくれて、その足で紀伊國屋書店に話を持っていったんです。そしたら紀伊國屋の当時の会長も山口市の人で、そんな長州つながりで紀伊國屋が出資して映画作りが動き出すんです。

脚本も、作家さんと十分なコミュニケーションを取りながら進めました。何事もまったく縛りなく、わかりにくくてもなんでも、思いを素直に出そうと思った。『津軽』のころに戻ったんです。だから彼女の詩も入れて、金子みすゞのあの独自の宇宙を、スクリーンの中で箱庭みたいに作れないかと。

スタッフは、五十嵐組。キャストも、『地雷』のときに浅野君の付き人だった加瀬亮君がヒロイン・みすゞの田中美里さんの弟役で。彼、『地雷』のときに本当に頑張ってたから。それから、『津軽』で、僕とも喧嘩しながら酒もたくさん飲んでいた寺島進さんにも、最後になるかもしれないから、僕の映画に出てほしいなと思って、重要な役柄であるみすゞの夫で出てもらうわけです。

地方を巻き込んで映画を作る

この映画で、五十嵐は、その後の映画作りにも生かされる一つの「型」を作る。地方を巻き込んでの映画作りだ。みすゞにゆかりのある仙崎や下関にも事務局を置き、ロケ地協力やエキストラなど、地元ボランティアたちも一緒に映画作りに参加して進めた。

僕自身、東北なので、お互いに地方出身者として、地方で映画を作る楽しさとか、役者ではない人の協力とか、すごくおもしろく感じました。

師匠の四宮さんの岩波のPR映画や兼高さんとの海外ロケでもそうだったけど、映画の現場に、その土地で生活している一般の人たちの姿があるのを見たときに、いいなぁ、温かいなぁ、と思うわけ。

言ってしまえば、『天国』とはまったく違うドライじゃない関係というのができて、地元の青森に帰ったような、〝なつっこい〟感じが味わえたんですよね。みんなでハネて楽しむ、ねぶたの感覚ですね。まあ、そのなかの仙崎事務局に、うちの新しいカミさんもいたわけです、地元スタッフとして。

そうなると、その映画作りの現場そのものも、なんだか一つの映画作品になっているように見えてきて。それは『みすゞ』が初めてかもしれないし、その手法は、『HAZAN』『アダン』にもつながっていくんです。

住民票をその地に移して映画化を練る

何より、映画監督として大きかったのは、『天国までの百マイル』での降板という「地獄に突き落とされるような体験」を経て、自由に、自分のやりたいように映画を撮るという喜びを取り戻したことではないだろうか。それは、五十嵐の映画作りの原点であったはずだ。

『みすゞ』で自分の進む道を見いだした彼は、ここから、ほとんど年に1本のペースで新作を発表していく。'03年の『HAZAN』、'05年の『アダン』、'06年の『長州ファイブ』である。

それぞれ、筑西市、奄美大島（奄美市）、山口県がバックアップしての映画作りだった。このように、県や市など自治体の全面協力体制を受けて製作される映画は、当時、「県民創世映画」と呼ばれた。舞台となる地元の人々も熱くなって、ともに夢を追いかけながら完成した作品たちだ。

きっと、『みすゞ』での成功体験があったんですね。こういうやり方で撮ることができるのなら、もう一回、やってみたいと。地方を巻き込んでの映画作りは、それはまたいろんな立場の人々が関わって大変ではあるんですけども、僕には苦じゃなかったんですね。つまりは、また混沌を楽しんでいる自分がいたわけです。

それで、当時、ネタ探しというほどではないんですが、結城紬に興味を持っていて、結城市やその近くの、後に合併して筑西市になる下館市へ通っていたんです。その街角で偶然、板谷波山（1872年〜1963年）のポスターを見かけ、カッコイイ名前だなと思って市内にあった板谷波山記念館に行き、明治、大正、昭和と生きた近代の孤高の陶芸家だったと初めて知るんです。

記念館に入ると、いきなり展示されていた小さな香炉が自分のほうを見ているような不思議な感覚に襲われたり。とにかく作品は素晴らしかった。それなのに、聞けば、ほとんど名前を知られていなくて、この記念館を訪れるのも1日3人とか4人だという。この人は本物なのに、なんで3人しか来ないんだろうと、それが映画にしたいと思うきっかけでした。

ちょっと腰を落ち着けて調べようと思って、それで住民票を当時の下館市に移したんです。まあ、部屋を賃貸するだけより腰も座るだろうと。

平屋でしたが、月5万ほどの家賃で。それで自転車も買って、当時、付き合いが始まっていた今の妻の名前から「サカエ号」って名前付けて（笑）。地元は自転車でまわって、あとは笠間とか益子などの焼き物の土地を勉強しながら訪ねたりしていました。

映画にするには、またお金がかかります。前の『みすゞ』は紀伊國屋書店が協力してくれましたが、今回は、場所も新宿の紀伊國屋とは離れているし、もう頼めないだろうと。だったら、まずは、ここ下館で応援団を作ろうと思うんです。

平日の日中から、見慣れないヒゲ面の男が自転車で街じゅうを行ったり来たりしている。それで、あるとき、ひとりの女性が警察に不審者がいると訴えたわけです（笑）。あとで、その人は市長の娘さんだとわかって、そこでもまたご縁ができるんですが。

そうやって歩いていると、たまたま入ったのが由緒ある料理屋で、そこの女性の主人と知り合う。僕が波山先生を映画化したいというプランを話すと、彼女自身が地域で顔の広い人だったから、自然とそこの店に集う経営者や水戸の市役所の人なども顔見知りになって。すると、そのなかのひとりが水戸一高出身者で、その会合に呼ばれていくと「私は映画監督の深作（欣二）君の同級生」という人がいたり。

その市役所職員や旅館経営者、銀行員などの7人の男性が「五十嵐を応援する会」を作ってくれて、月1回の定例会に僕とプロデューサーを呼んでくれるようになるんです。2カ月、3カ月と経って会を重ねるうちに、銀行に監査をやってもらおう、お金集めは水戸の大きな企業に交渉しようとか、茨城新聞を巻き込もうとか、どんどん話が広がっていきました。

プロデューサーは、『みすゞ』と同じ福間順子。続いて、配役も決まる。主人公の板谷波山に武蔵野美術大学の陶芸科出身の榎木孝明、その妻役に南果歩。榎木は、その後、五十嵐映画の常連となる。それにしても、この、人を巻き込んでいくパワーもスピードも驚くしかないが。

僕の映画の応援団がしっかり機能するまで、移住してわずか半年でしたね。でも、これは、本当にいちばん理想的に進んだかたちだと思います。やっぱり、住民票を移したのがみなさんに響いたと思うんです。「こいつ、本気だな」と。通いじゃなく、住民票を移したというのは税金もそこで払うわけです。また、当時は専門学校でも講義を持っていて、朝5時半起きで都内まで通いましたから。そんな姿も、見られていたかもしれません。

まず7人の地元のサムライが集まって、県も応援して、水戸一高に続いて常陽銀行も監査で入って、月に1度の製作委員会には僕やプロデューサーだけでなく役者も参加したり。

そのうち、板谷波山をずっと研究している出光美術館の人もやってきて協力を申し出てくれるんです。出光興産の創業者の出光佐三が、波山のコレクターでもありましたから。本当は、出光にも資金でも協力してもらおうと思うんですが、そこは難しいけれども、「モノ(作品)は出しましょう」と。

映画では、実業家の役を加瀬亮君にやってもらいました。熱心なコレクターなので、窯の前で作品が出てくるのを待っているわけです。そして、こんな小ぶりのチューリップ花瓶を受け取る。当時の値段で、1億6000万円。これがあれば、もっと楽にこの映画を撮れたのにと思ったり（笑）。

そうやって、人も集まり、協賛金も集まってきました。文化庁映画製作の文化振興基金などもいただきました。

住民票を移すなんて、どうしてそこまでやれたのか。自分を追い込んで、後戻りできないようにしたかったのかもしれません。その意味では、『みすゞ』をなんとか撮り終えて、ひとりになって考えて、次の『ＨＡＺＡＮ』は、本当にその後の自分を賭けるようなつもりで、だから住み込むとこまでいった。そう考えると、あの『天国』の地獄があったからその決心もできたわけだから、前のカミさんがそうさせてくれたのかもしれない。


次の映画『アダン』は、日本のゴーギャンと呼ばれた、こちらも「孤高の」と評される画家・田中一村（１９０８年〜１９７７年）が主人公。栃木県に生まれ、東京美術学校（現東京芸術大学）時代には、東山魁夷のライバルといわれるほどの実力だったが、中央画壇に背を向け、移住した奄美大島で絵筆を握り続け、孤独のうちに没した。’84年、ＮＨＫ『日曜美術館』を機に日本中に一大ブームが巻き起こったことを覚えている人も多いだろう。

反骨の人でもある、一村の生涯を映画化する企画を持ち込んだのは初対面のプロデューサーだった。

この映画の総合プロデューサーになる水野清さんが、前作『ＨＡＺＡＮ』を見て、それで僕に声をかけてくれたんです。

脚本も、女優の高峰秀子さんの夫で映画監督・脚本家の松山善三さんで完成していて、読むと、架空のマラソン少女が登場したりするエンタテインメントといいますか、一般に考える芸術映画とはちょっと違う味わいとなっていました。

一度、『ＨＡＺＡＮ』を松山さんに見てもらおうと思って試写をしましたが、とても感動していただけまして、脚本についてのやりとりが始まりました。感謝の気持ちも込めて、板谷波山の画集を贈ったんです。そしたら、『拝見させていただきました。だけど、私がこれを持っているより、見て楽しませていただいたということで、お返しします』と、その人柄同様に詩的な手紙とともに返ってきたんです。きっと、断捨離のようなことをなさっていたんでしょう。


『アダン』では、五十嵐にゆかりのある俳優たちとのタッグがあった。ひとりは前作に続いて主役を演じた榎木孝明、もうひとりは、この映画のオーディションで選ばれてデビューを果たし、その後もインタビューなどで、「五十嵐監督は芸能界の父」と語る木村文乃だ。

榎木さんの起用は、彼は自身で絵も描けますし、あと、役作りで痩せることができるんですね。一気に16キロ痩せて、役者根性を見せつけました。顔などはメイクで頬に陰を入れるなどして痩せてみせることはできるんですが、体はメイクでは変えられません。それを榎木さんがあそこまで痩せて現場に来ると、監督の僕も、撮影や照明もうまく撮ってあげようと思うじゃないですか。

木村文乃さんは、奄美の炎天下を走り続けるというだけでも大変なロケだったと思うんですが、撮影の終わったときに、当時まだ17歳ですから、

上／映画『アダン』の榎木孝明。『HAZAN』以来、五十嵐監督作品には欠かせない盟友
下／『アダン』のオーディションで選ばれ、女優デビューした木村文乃。五十嵐監督を「芸能界の父」と慕う

「あなたは映画で始まっているから、もうテレビでもなんでも出てもやっていける」

と伝えました。彼女は、このあと、どんどん女優として磨かれ、本当に強くなります。僕も、彼女には、この先の『十字架』でヒロインを演じてもらうことになります。

この『アダン』でデビューした木村文乃はじめ、『地雷を踏んだらサヨウナラ』の浅野忠信、『みすゞ』の加瀬亮、『長州ファイブ』の松田龍平など、五十嵐映画を経て、その後メジャーとなる俳優は多い。

続いて、『みすゞ』と同じ山口県にゆかりある人物たちの映画化に取り組む。『長州ファイブ』は、初代内閣総理大臣の伊藤博文、日本工学の父と呼ばれる山尾庸三や井上聞多ら、近代日本の礎を築いた5人の若き長州藩士のイギリス留学などを描いた青春ロマン。寺島進や榎木孝明らに加え、まだ20代前半だった松田龍平が山尾を演じている。

これも、萩市や下関の教育委員会や萩ロケ支援隊などが協力する地方創世映画として注目を集めたが、監督としては、初めてのヨーロッパロケやCGの採用など新たなチャレンジもあった。

この映画で忘れられないのは、ロンドンで行ったヒロイン役のオーディション。日本でだったら、演劇系の人たちがやってきて、どうしてもお芝居っぽい演技となって、要は自然じゃないんです。しかし、向こうの役者たちは、とてもナチュラルに懐の深い演技を見せてくれる。なぜかというと、ほとんどがシェイクスピアで演劇の基礎をたたき込んでいるからなんですね。ここは、決定的に違うと思いました。ですから、日本とは逆に、オーディションで落とす苦労というのを初めて体験しました。小道具のシルクハット一つとっても、イギリスにいくと何百も違うタイプが用意されていたり。大英帝国の長い伝統を感じました。

長州ファイブの5人は、外から見ることで新しい日本像を作り上げた。同じように、映画制作でヨーロッパに乗り込んだ五十嵐にも、意欲的な若い外国人スタッフと仕事をするなかでより鮮明になった思いがあった。

言葉の通じない面倒くささと楽しさの、両方があるんですね。言葉だけではわかり合えない深さが。日本にいるときは、言葉があって、対人関係も誤魔化されている気がしたんです。特にわれわれがやっている映画の世界というのは、その技術を伝えるのに言葉は要らなくてもわかり合えるんですね。照明は照明、スクリプターはスクリプターで、同じ仕事をしているわけですから。その、言葉なしにつながっている感じを、ヨーロッパでロケしていて非常に感じました。通訳が伝えなくても、監督がどう考えているかを顔色から真剣にうかがっているような。それは、とてもうれしかったです。逆に、今の日本では、言葉がありすぎてわかり合えなくなっているんじゃないか、なんて考えました。

『SAWADA』『地雷を踏んだらサヨウナラ』以来、前作『HAZAN』も'04年のヴァルナ国際映画祭で最高賞を含む2冠に輝くなど多くの映画祭での受賞経験がある。『長州ファイブ』もまた、'07年のアメリカの第40回ヒューストン国際映画祭の長編映画部門でグランプリを獲得した。映画賞の受賞は、観客動員へどう影響するのだろうか。

映画祭は、言ってしまえば、世界中に腐るほどあるじゃないですか。日本人は海外の映画祭に弱いから、受賞すると拍手はしてくれるんだけど、お客さんはそんなに入らないんです。もちろんカンヌ、ベルリン、ベネチアのクラスなら別でしょうけど。ヒューストンのクラスでは、集客に影響はほとんどないです。

ただ、地方創世に関しては、それなりの実績も出ています。いちばん大きかったのは、『HAZAN』でした。地元の記念館に1日3人とかの来場者だったのが、年間に数万人単位に急増したそうですから。『地雷』でも、映画の影響でカンボジアに一ノ瀬泰造の墓ができます。

しかし、どうしても、地方創世というと、その地域だけで盛り上がって終わってしまうパターンがほとんど。あとは、DVDになっておしまい、じゃないですか。

それより、地方で映画を作って僕がうれしいのは、地元の人が映画作りに参加して、その若者や子供たちが現場を知って映画関係に進みたいと思ったり、なかには役者を目指したいという子もいるでしょう。そういう人の巻き込み方ができるのは、やっぱりおもしろいです。

地方の人にとっては、映画って、大きなお金も動くし、最初は恐れをなすようなところもあると思うんです。だからこそ、みんなを裏切らないよう、誠実に最後まで撮り切ろうと思うんです。

いちばんいい時期で、文化庁からは、『ファイブ』で振興資金が4000万円ほど下りました。今は厳しくなって、製作費が1億円以上のものは審査に通れば2140万円、制作費5000万円以上1億円未満の場合は1070万円くらい、ドキュメンタリーは200万円から500万円くらいでしょうか。昔は、その2倍くらい出ました。ただ、文化庁の規準もいろいろあって、『二宮』は出ませんでした。いろんな意味で、国がこんなに文化に対して金を出さないのは日本くらいです。

『長州ファイブ』を終えてから、次の『半次郎』に行くまでには4年という歳月があった。これまでの年1本の製作ペースを考えると、かなり時間が空いたような印象を受ける。

このころ、40代も後半となった五十嵐は、『みすゞ』の山口ロケをきっかけに知り合い再婚した妻の栄との間にできた息子ふたりも育ち盛りを迎えて、私生活では父親の役目が大きくなっていく。当時、五十嵐に会うと、彼とは逆に20代半ばで父親となっていた私に、「お前はもう人生の大きな役目を終えようとしていて、うらやましいよ」と、飲むたびに言われていた。

たしかに。なんで新しい映画が動かなかったのかな。当時は、映画演出などのテーマで専門学校のバンタン（東京都渋谷区）で教えたり、城西国際大学で非常勤講師をしていた時期。とにかく家族のためにも、まず生活を安定させなきゃ、と思ったのかもしれないな。

それでも、どんだけ教えても、やっぱり非常勤の身分だし、生活の安定からはほど遠かった。なんとかやっている、という感じでした。

ただ、その間にも、テレビで、ずっとやりたかった棟方志功が主人公の『我はゴッホになる！～愛を彫った男・棟方志功とその妻』（'08・フジテレビ土曜プレミアム）を主演に劇団ひとりさんを迎えて演出したり。本当は、これも映画として、長部日出雄さん原作の『鬼が来た 棟方志功伝』でやりたくて、演じてほしい俳優にも声をかけたり、長部さんにも手紙を書いたりしたけどなかなか難しくて、それでテレビ局に話を持っていって実現したんです。美術が『8時だよ！ 全員集合』の人だったりして勉強になりましたし、テレビの底力を知ったのも本当です。

ただし、こうしてテレビの仕事をしながらも、五十嵐は、映画の企画はずっと練り続けていたという。その一つが、「伏龍作戦」をテーマにしたもの。これは、終戦間際の日本帝国海軍による特攻兵器、いわゆる人間魚雷を使った玉砕作戦のことだ。

興味を持って調べたら、海底で少年兵が竹槍の先に機雷を付け待機していて、アメリカの船が頭上を通りすぎるときに突っ込んで爆破するという。それで、多くの少年が亡くなっている。なんて、馬鹿なことをやっていたんだと。沢田さんや泰造の戦争とは、また違いますね。

横須賀の海岸に少年兵が集められて訓練しているところを、見えないように幕で覆っていたというんです。その横に茶店があって、その店で働く少女と少年兵のラブストーリーを絡めてできないかと思って、シナリオも書きました。映画にしたくて、知り合いのプロダクションなどに持ち込みもしましたがダメで、じゃあ、テレビでもと思って動きましたが、結局、この話にはどこも乗ってこなかった。

でも、この伏龍作戦を調べていて、つくづく思うんです。国も、馬鹿なことをやっているんだけど、国民も何も言わないということも、いまだに変わっていないなと。

ふと気付けば、50代に入っていた。映画が動かず、テレビの企画も上手くいかないなか、専門学校の教壇に立ちながらも悶々とした日々を送っていた。そんなとき、何度も五十嵐映画で主演している榎木孝明から、新しい企画が持ち込まれる。それが、幕末維新で活躍した中村半次郎こと桐野利秋の生涯を描いた『半次郎』だった。

半次郎に榎木、薩摩藩士の永山弥一郎にEXILEのAKIRAなどがキャスティングされた。西郷隆盛役がオーディションで選ばれることも注目された。

鹿児島出身の榎木さんが13年間も温めていた企画でした。ですから、資金集めに関しても、ほとんど榎木さんでした。自分の鹿児島のツテや、おそらくは自身の蓄えからも出資したのじゃないかと思います。同じく鹿児島出身の京セラの稲盛和夫さんと会うときには僕も同行して、その場で協力を約束していただき感激したのを覚えています。そんないろんな人の、いろんな思いを背負って映画は動いていくんです。

この映画では、初めて撮影前にスタッフを集め、シナリオ検討会もやりました。しかし、薩摩をガチガチに愛している人も多いから、「それは違う」「これも入れるべきだ」ということが相当にあって。その声を聞きすぎて歴史に忠実にしようとしたばかりに、それに縛られて、見せ方として小さく収まってしまったかなと。もっとフィクションも交えて、より映画的にできたはずだという反省です。

長いブランクで初めての〝勤め人〟を

『半次郎』で、もやもやしたような思いを抱えていた五十嵐だったが、ここから次の映画公開まで、さらに6年間のブランクができる。

この時期も、ときどきは会って飲んだりしていて、子供の成長や大学の教え子たちの現代っ子ぶりなどを聞かされていた。本業のほうでは、ときどき単発のテレビ番組を作ったりしたときに、

「けっこうよくできたから見てくれ」と電話がかかってきていた。'12年の『魔境温泉～秘湯をさがして～』（フジテレビ系）などがそれに当たる。

また、当時、テレビ制作会社にしばらく通っているような話も、「生まれて初めてサラリーマンみたいな生活をやってるよ」と、自嘲気味に語るのを聞かされていた。だが、それはあくまで副業で、短期間のことと思っていた。今回の取材で初めて、3年近くも、そのテレビ番組の制作会社に契約社員として籍を置き、決まった給料をもらっていたと知る。

自分のやりたい映画がまったくできずに、ここらへんは、自分でも思うけど、不遇なんです。その制作会社に入ったのは、まったくのコネです。私と私の映画を長く応援してくださっていた人が、紹介してくれました。2015年くらいから3年間働きましたが、社員たちにしてみたら、「あの人、コネだから」みたいな、初っぱなから、けっしてよい印象ではなかったというのもわかるんですが。

でっかいビルの、でっかいフロアにオフィスがあって、机ももらっていて。制作部の所属だったので、企画はけっこう提出しました。NHK向けだったり、人物ドキュメンタリーで、当時はまだお元気だった兼高さんの人物像を紹介する企画も出しましたね。

でも、なぜだか、1本も通りませんでした。それよりつらかったのは、ときに挨拶しても、誰からも返事が来ないことなんです。昼メシも一緒には食わない、飲み会も一度も誘われない。新人の子が一度だけ、「『ＳＡＷＡＤＡ』を観ました」と言ってくれましたが、それっきり。いまさらですが、会社勤めって大変なんだなぁ、と思うんです。何がイヤだったかといえば、それでもギャラが入ること。そこは、僕を会社に紹介してくださった方が約束してくれていましたから。

　だから、このままでもいけないと思い直して作ったのが、『魔境温泉』です。役者も僕と同じ青森出身の新井浩文君で予算もギリギリまで抑え、シナリオも自分で書いて。すると、思いがけず『魔境』がカルト的に評判になってきて、『ファイブ』に出ていた（松田）龍平君からも「すげえおもしろかった」と言われたり。そんなこともあって、同じ路線で、今度は田中圭君を主役で『ディスカバーデッド』を作るんです。それらは、テレビで『棟方』をやったときの恩人であるフジテレビの東康之プロデューサーが、僕の状況をわかっていて進めてくれたんですね。

　このときですよ、このタイミングでこそ国吉をやろうと動いたのは。あれだけ必死に動いたというのも、あのテレビ制作会社の不遇をかこっていたから。でも、話したとおり、この話もいつか立ち消えになりました。何をやっても、うまくいかない。何度目かわかりませんが、このまま映画の世界から足を洗おうとも思いました。

　やがて五十嵐はこのテレビ制作会社をやめて、それでも映画に取りかかることはできず、ＮＨＫ

の『美の壺』などの仕事で糊口をしのいだ。

自分より、ほとんど年下だったからね、その世代からの無視は、こたえました。きつかった。もう、苦しくて苦しくて仕方なかった。

逆に、妻は言います。

「あのころが、月々、いちばん安定していたよね」

と。

でも、その彼女の気持ちとして、監督でいてほしい、というのもあると思うんですよ。サラリーマンやれば生活は安定するけど、だけど監督はやめないでほしい。きっと、妻のなかにも葛藤があったはずです。私は映画監督の五十嵐匠と結婚したんであって、サラリーマンの五十嵐じゃないと。

もちろん、子供のことはあります。当時はまだ小学校に上がるかどうかというころで。大先輩の大島渚さんも言ってましたが、子供にとってのいちばんの教育は、幼いころに知る貧しさだと。僕も同感で、あえて貧しさは見せてないけども、やっぱり貧しさってわかるじゃないですか。子供って、敏感だから。

そこは親なりに、子供に監督をやってる現場を見せるとか、『半次郎』で縁のできたＡＫＩＲＡのコンサートに連れていくとか、そんなことはありましたよ。その場では監督ってそんな特権があるのかと驚いても、うちに帰ると、どうしようもない父なわけですよ（笑）。『竜二』(83)って映画があるじゃない。金子正次の竜二が、妻の永島瑛子にこう言うシーンがあるんです。妻がソロバン出して家計簿付けて、夫の目の前で「ああ、今日は野菜も卵も高いわね」と言います。すると、金子が、「バカヤロー、そんなこと言うんじゃないよ」と怒る。あれ、すごくわかります。映画が、生活のいろんなものの言い訳になるんですよ。だから、うちの子供たちも、「映画だから」「監督だから」と考えているかも。映画だからお父さんがいない、映画だから貧しいんだと。

つかず離れず、生活というものが出てくるんです。監督でも、作家でもそうでしょうが。生活というのは、どうしても付いてくるわけじゃないですか。真逆のことですからね、生活するのと監督するのは。あと、時間をかなり拘束されますから、やっぱり生活と監督を一緒にやろうとしてもできないんです。

久しぶりの作品と、突然の上映停止

2012年の冬、五十嵐から、私に一通の手紙が届いた。小説『十字架』を読んで、映画化しようと思ったこと、ついては原作者の作家の重松清さんを紹介してほしいという内容だった。

私は'91年から、週刊誌『女性自身』の人物ドキュメント連載「シリーズ人間」で取材記者として活動しており、その原稿の仕上げ、出版業界的に言えばアンカーを担当していたのが重松さんだったのだ。重松さんにメールを送ると、「あの沢田教一や一ノ瀬泰造の映画の五十嵐さんですよね。了解しました」という返事が、すぐに返ってきた。


映画をやめようとは思うけど、実際にはやめなかった。なぜかというと、監督業の因果で、どんな状況にいても、いつも次は何をしようかと考え、アンテナだけは張っているんです。

重松清さんの『十字架』を読んだのは、ちょうど、世間でもいじめが問題になっていた時期。今までは、いじめといえば当事者同士の話が多いんだけど、重松さんなりの視点というか、いじめを見て見ぬふりをする男が話の中心にいるというのが、おもしろいと思いました。

それで堀ノ内に、彼がときどき書いている雑誌の「シリーズ人間」というページでのつながりもあると思って、重松さんの連絡先を聞いて、このときも、まずは手紙を出したんです。すぐにメールだったかな、返事が来て。『地雷を踏んだらサヨウナラ』も見ました」とあって、映画化の承諾をいただいて、そこから、ようやく次の映画が動き出しました。

その当時は、毎日がとても息苦しかった。思いっ切り空気を吸いたかった。それにはとにかく映画を一本、作るしかなかった。これは、重松さんが、いじめ自殺で亡くなった子供の父親の話を自らインタビューしてから書いた作品なんですね。

映画化を意識しながら本を読むことは、習慣になっています。でも、たいてい、売れた本はどこかが映画の原作権をすでに確保しています。発売部数から、どんな監督や役者を使って映画ができるとか、その先のDVDの枚数まで予測できているものらしいです。幸い、『十字架』はまだ手つかずだったんです。それで、重松さんとも原作料などの話をする前に、

「とにかく、動かせてください」

と話をして、また映画作りがスタートします。'13年ごろでした。ですから、『半次郎』から『十字架』まで6年間ありますが、実質、不遇をかこっていたのは3年くらいです。でも、あの制作会社には感謝をしないといけません。そんな不遇の時期にも、給料をいただいていたわけですから。私をその会社に紹介してくれた方への感謝は忘れたことはありません。

『十字架』は、いじめで自殺した中学生のことを知る同級生ふたりと自殺後残された遺族の約20年にわたる交流と、心の変化を描いた作品。

やがて、五十嵐は、書き上げた脚本を持って、まずは大手の映画会社に売り込んだという。当初、名物プロデューサーは大いに興味を示したというが。

途中までうまくいってたんです。しかし、『天国』じゃないですが、メジャーに行こうとすると足引っ張られて（笑）、このときも、その大手映画会社の上層部まで行った時点でNGを食らうんです。

いじめというテーマは、会社的に厳しいという理由でした。社風に合わないというのもあっ

たかもしれませんが、やはり暗いイメージを持たれて、これでは客は呼べない、ヒットは望めないとの判断でしょう。

このころには、僕自身で、すでにキャストも決めていました。『アダン』で仕事をした木村文乃さんや永瀬正敏君です。文乃さんはヒロインの女子学生役、永瀬君は自殺する男の子の父親です。ここに、母親役で富田靖子さんに加わってもらいました。永瀬君は適役と思ったのと、もう一つ、国吉康雄の映画で一緒に調査をした時期がありましたから、その流れで自然にお願いしたというかたちでしたね。

そのうち、小さな映画制作プロダクション（アイエス・フィールド）に話を持っていくと興味を示してくれて、現代劇でもあるし、「低予算でできるんじゃないか」という話になったんです。よし、その路線でいこうとなって、思うんです。

低予算でやるには、協力者が大勢いないと無理だと。それで、『ＨＡＺＡＮ』で住民票を移して住み込んだことで知り合いも増えた筑西市を映画制作の基地にして、取りあえず撮影経費の２０００万円を集めてスタートしました。

この映画で、五十嵐は、学生役を選ぶためのオーディションとともにワークショップを開催した。茨城新聞に大きな募集広告を打つと、約500人から応募があった。そのうちの60人を選び、主人公のふたりとなる小出恵介と木村文乃の2クラスに分けた。2年1組と2組だ。ペースは月

3回で3カ月、毎週土曜日に公民館に集合。これには、ねらいがあった。

芝居の稽古をやってもらうんですが、クラスにたとえば五十嵐という転校生の男子生徒がいて、そいつをいじめるワークショップにしようと。いじめのセリフは好きに喋っていい、ただしAチームはいじめるんだけど、Bチームはそれを助ける芝居をしてください、と告げました。

ワークショップが終わるころには、本物の教室のような空気が子供たちの間に出現していました。ホッとしました。これを子役で60人集めたら、とんでもない経費がかかります。このワークショップも、僕としては、お金をかけないでどうやってリアルな教室の雰囲気を出そうかと考え、知恵を絞った結果でした。低予算でできたのは、現代モノだったからでしょうね。戦争モノとか時代モノだったら、初めから低予算では難しいと思います。

映画『十字架』は'16年2月、都内・スバル座で公開され、順調に観客も動員していたが、これから全国の劇場などで上映されるという矢先の翌'17年6月、出演者の不祥事が報じられる。出演者は活動休止となり、学校問題をテーマとしていた映画『十字架』も、その流れのなかで上映中止に追い込まれた。

『十字架』は、本当に予算もギリギリで撮り終えました。でも、予算については多い少ないじゃないと思うんです。ふり返れば、僕自身、いつも予算のないなかでゲリラ戦的に戦ってきて、まあ、それで勝つことばかりやってきたんですよ（笑）。その積み重ねだったように思います。

俳優の不祥事は、監督としては、そりゃ悔しいです。でも、悔しいだけじゃ、そこで止まっちゃうんです。それより大事なのは、次どうするんだ、ということなんだと思うんです。

低予算なりに、プロデューサーも早く資金を回収したいと思ってＤＶＤ化なども動くわけです。僕も、少しでも次につながるようにと自分の関係でＢＳフジに持っていったり、ＣＳにも掛け合い放映してもらったり。ＤＶＤは、なんとか事件後に出ました。

そのＤＶＤも、いわゆるＴＳＵＴＡＹＡなどで回転すればするほど収入が入るかたちですから、多くは望めません。今は配信のほうがメインでしょうが、これもたいしたことはない。そうした印税というのは監督にも入りますが、最初の１～２年が過ぎると観る人も極端に減りますから。

学校の図書館にＤＶＤを買ってもらうときも、間で相当のパーセンテージをもっていかれます。そういうことも勉強したから、次の『二宮』では、そこは一切通さないと決めていた。あの配分の仕組みはひどいですね。とにかく、制作側にはあまり入らない仕組みなんです。

証言

山川英明 ―― 照明技師

監督が『天国までの百マイル』を降りたとき、実は私も一緒にやめようと思ったんです

1946年、新潟県生まれ。照明技師。テレビドラマ『太陽にほえろ!』(72~)などを経て、映画の世界へ。代表作に『阿弥陀堂だより』(02)や第46回照明技術賞を受賞した『蜩ノ記』(14)など。『地雷を踏んだらサヨウナラ』、『天国までの百マイル』以降、『アダン』『長州ファイブ』『二宮金次郎』、そして『島守の塔』でも照明トップを務めるなど〝五十嵐組〟のひとり。

五十嵐監督が『天国』を降りたとき、実は私も一緒にやめようと思ったんです。私も、カメラマンのA氏とケンカしましたから。でも、「降りたら、制作会社が潰れる」と言われて、思い止まりました。

発端は、こうでした。五十嵐監督がある俳優さんの演出を付けたとき、意見の違いで、ちょっと対立したんです。そんなとき、本来なら監督を助けるべきカメラマンが、監督はまったく無視で、俳優さんの話ばかり聞く態度を取り始めたんです。現場で監督のいちばんの女房役はカメラマン、そのカメラの女房役が私たち照明だったりします。まあ、私もその意思の疎通がうまくいかずにA氏とケンカしたわけですが。

普通は、映画の現場ではトップの考えが通るもんです。いわば、監督は自分の意見を押しつけることができる。そもそも監督という人種は、「撮りたい」「撮りたい」の人たちです。だから、私たちも

スタッフとして、監督の意に沿うような仕事を心がけるんです。

五十嵐監督は、結局、降りました。業界から干されるかもしれないというのは、狭い世界ですから、当然に考えるでしょう。私たち照明の世界を見ても、トップに技師がいて、チーフ、セカンドとランクがあって、ギャラも違う。給料を上げるには実力でランクを上げるしかないし、逆にフリーは1本失敗すると、その噂はヨコに広がっていくという厳しさは、いつも付きまとうわけです。

ただ、五十嵐監督は、我慢強い人ですから。みんなが頑張っているから、俺が泣けばいいんだと、そう思ったのじゃないでしょうか。

芝居の付け方は、私がご一緒してきた先輩監督のなかでは、今村昌平監督に似ていると思います。役者さんには、「好きにやれ」と言うタイプ。だから余計に、キャストもスタッフも自分で考える。余談ですが、私が『カンゾー先生』('98)で照明をやったときには、今村監督は、あの三國連太郎さんに対して「一字一句正確に言ってくれ」で、テイク100までいきましたから。有名な、テイク100事件。さすがの三國さんもそれで降りて、柄本明さんが主演しました。

私たちも、五十嵐監督のロケ現場では、その呟きを聞き洩らさないようにして、照明もカメラも、監督の言葉の奥まで読んで判断して動きます。

だから、五十嵐監督の場合は絵コンテもないのでは。現場で、役者さんに対して、今村監督同様に「好きに動いてください」で進めていきます。おもしろいのは、常に自問自答しているようで、

「その顔、それが観客も求めているものなんです。それでいきましょう」

と、役者さんの芝居をすんなり取り入れることもある。スタッフとも同様で、ときには「どう思い

ますか」と問われたりして、そんなキャッチボールを楽しんでいるのかも。そこを、『天国』のカメラマンは、いちいち「これはどう撮るんだ、どういう意図なんだ」と問い詰めていましたから。

五十嵐監督自身は、ずっと変わっていないんですね。私は、『地雷を踏んだらサヨウナラ』のときから一緒ですが、タイの撮影でも、毎日スコールが降ったり、照明の球が切れたり、カメラが水没したり。でも、監督は、

「タイやベトナムなんだから、これが当たり前。この状況のなかで撮るのが、オレたちの仕事なんだ」

私は、今回も『島守』で参加していますが、五十嵐監督がそういう現場のハプニングをおもしろがっている姿というのは変わりません。熱い人。その熱さは、鉄が真っ赤になっているあのイメージ。

ただし、コロナでの撮影中断があって、規模の縮小というのは、私たちスタッフも受け入れざるをえませんでした。でも、映画になったときに、その縮小した貧しさがスクリーンに出てしまったら、われわれの負けなんです。1000万円の予算でも1億円かけて撮ったように見えなきゃいけない。そこは、ぜひ注目して観てください。

証言

川口浩史② ――『島守の塔』プロデューサー

異端の人、五十嵐監督

『島守の塔』で、五十嵐本人に請われて新プロデューサーとなった川口は、『みすゞ』以来、20年以上にわたり、五十嵐組の現場を経験してきた。筆者には窺い知れない、「映画監督・五十嵐匠」の素顔を知る証言者だ。

五十嵐さんって、日本の映画業界では異端児なんです。

僕は、2001年の『みすゞ』で、チーフ助監督を探しているということで、初めて付きました。最初から、変わった撮り方をしているなぁ、と思いました。

普通、映画は製作委員会を作って、配給会社を決めて、役者を決めてと、まわりのパッケージを決めてから全体が進んでいくのですが、五十嵐さんの場合は、そうじゃなくて、いきなり現場に行っちゃう。『みすゞ』では、最初に役所の観光課のなかにある下関のフィルム・コミッションへ話しかけて、映画を撮り始めようとしていたんですね。普通は、ありえない進め方です。

もともと岩波のドキュメンタリーから来ている人で、プログラムピクチャー（大手映画会社が制作・配給・興行を行う作品）というか、フィクション映画の作り方をそんなに体験していなかったでしょう。ただ、〝撮りたい〟という思いは強くて、自分の思いで走るから、そこでフィクションの作り方をしてきた人たちとぶつかってしまうということが、多々、起きるわけです。

僕自身は助監督でずっと上がってきた人間で、計画的に進める映画作りを学んできましたが、五十嵐さんのように突発的にパッションで作ろうとする発想は、逆に、おもしろい！　と思ったんです。あの作り方は日本にはなかなかなくて、ヨーロッパのヌーベルバーグなどによく見られた手法ですね。おもしろいけれど、街なかでの撮影に対する規制なんかを考えると、日本では撮りにくくなる。

ですから、『天国までの百マイル』で降板したと聞いていますが、僕としては、トラブル以前に、五十嵐さんが、初めから太いレールが決められたプログラムピクチャーのど真ん中みたいな映画で、オーソドックスに監督をやる姿というのが、正直、想像できません。

一方、『みすゞ』のときは、山口のロケ現場でシナリオどおりに撮影がいかないことがあって、助監督の僕らが悩んで悩んで監督にアイデアを出すと、本人がおもしろいと思ったら、「それ、やってみよう」と変えていく。その意味では、五十嵐さんは、若い人のアイデアにもノッてくれる柔軟性もあるんです。

ただ、付き合っているうちにわかったのは、あの人特有の他者との距離感。「映画を撮るのはねぶただ」と言って、溜まったものをボーンと吐き出したものが映画になっているのはわかるんですが、その分、普段のコミュニケーションでは、「立ち入らないでくれ」というところがある。僕自身も、その間合いは大事にしていることもあって、こうして長く付き合いも続いていると思うんです。

青森出身の映画監督で、『幕末太陽傳』（'57）などを撮って45歳で亡くなる川島雄三の屈折した個性を、川島の熱狂的ファンで『貸間あり』で共同脚本も執筆した藤本義一さんが、東北人特有のコンプレックスが根っこにあるように書いているじゃないですか。それは長所でも短所でもあると思うんですが、それと似た距離の取り方を五十嵐さんに感じるんです。

独特の距離感と同時に、五十嵐さんのクセだからなのか、青森の人だからなのかわからなくなりますが、人間関係でも映画でも、最後には壊そうとするのも、僕には不可解な部分です。突然、スタッフを入れ換えたり、映画のラストを、なぜか、きれいなまま終わらせないということがあったり。

そもそも五十嵐さんの映画作りも、そのスタートは、本当にひとりですね。企画までは絶対に口にしませんし、なんとか進めそうとなって初めて周囲に話すタイプ。いざ映画作りが始まっても、現場での発言が、あまりに自分の思いが強くて言葉が追いついていないことが多い。そんなときは、たいてい僕が、「五十嵐さん、こういうことですよね」と、まあ、通訳して言うと、彼は「うん」と頷いて、まわりのスタッフも「そういうことか」とわかる（笑）。

また、台湾ロケをカットしたときもそうでしたが、きちんと理詰めで予算などの話をすれば、理解してくれる人なんです。けっして自己顕示で言っているのではなくて、純粋に思ったことの発言ですから。だから、僕は必要があれば通訳をしたり、見守ったりするのが、五十嵐映画のプロデューサーとしての自分の役目だと思っています。

僕が、かなり影響を受けたのは、地元の人とどっぷりガチに組んでものを作るということ。その土地の空気を一緒に吸って、ときには住み込んで、犬の散歩もして（笑）。そうすると、土地の人も撮影チームのことを顔のある人としてわかってくれて、そのうち、「トラックが足りないんですが」「じゃ、ウチのを使えよ」となる。

まあ、そこも含めて、五十嵐さんの映画作りは突拍子もないというか、発想力やプロデュース力は、すごく感心するものがあります。プログラムピクチャーでは、マーケティングがあって、どの層が観るからキャストもこの人にと決まっていくのが、五十嵐さんの場合は、そこは一切なくて、自分の作りたいものを作っている。それは、僕にしたらプライベートフィルムと思うし、日本の映画界では自主映画的なくくりになるのでしょうね。

他の業界でもそうですが、何かを作るときに出発点が自分にあって、かつ自分の作り方で商品にするということは、今の世の中、なかなかできなくなっています。そこにこだわり続けるのが、五十嵐さんらしさだと思います。

第 8 章

『二宮金次郎』

見えてきた 新しい映画のかたち

復興をテーマに

「『二宮』では、映画館に頼らず、配給も通さずに映画を上映していく」

『十字架』のあと、新たに取りかかった映画『二宮金次郎』が動いていくなかで、五十嵐はこう語るようになっていた。しかし、予算2億円以上をかけた劇映画でありながら、映画館や劇場での上映をしないという、まさしくゲリラ的な上映スタイルに本気でチャレンジするとは、当初、監督本人以外、誰も想像もしてなかったのではないだろうか。

結果として、『二宮金次郎』は、彼の宣言どおり、映画館ではなく各地の市民ホールや公民館などを中心に上映されていく。映画フィルムを積み込み、日本中を移動して上映会を催す「金次郎号」なるバンまで登場する。こうした斬新ないくつものアイデアが実行される背景には、五十嵐のいう「いびつ」な日本の映画業界への抵抗と挑戦があった。

『十字架』を撮っているころに、制作の過程で出会った筑西市の教育長が僕に言うんです。「二宮金次郎は、名前は聞いたことがあるでしょう。ここ筑西市、つまり昔の下館は、あの二宮金次郎が復興させた場所なんですよ。実は今、大河ドラマにできないかと働きかけているんですが、女性があまり出ない大河は難しいというんで止まっている状況。映像で何かできませんか」

そう聞いたとき、僕はほとんど二宮金次郎について知らなかったので、

「じゃ、ちょっと調べてみます」

と言って、まず、金次郎の出身地である小田原の尊徳記念館に行って生家を見たり、墓へ行って手を合わせたり、さらには日光と小田原の二宮神社にも行ったりしながら、金次郎の足跡を辿ったんです。

二宮神社では資料館的な蔵もあって、その蔵にひとりこもらせてもらい、二宮尊徳（金次郎）全集を読みました。そのなかに彼の家計簿があって、奥さんの何文、銭湯何文とか細かく書いていて、大男と聞いていたけど、こいつ、どういう男なんだろうと思う。

その後も調査を続けるなか、栃木でのことでした。金次郎が優秀なお百姓さんに報奨として与えた家があるんですが、そこを見学していたら、雨戸に穴が開いていて、「これは、金次郎さんが、本当にこの家の者がしっかり働いているかどうかをチェックした覗き穴だ」と言うんです。その話を聞いた瞬間、でかい男が夜中に覗き穴にぴったり顔を押しつけている場面が浮かんだんです。そして、

「その画を撮りたい」

と思った。それが映画化の最初のきっかけです。

薪を背負い本を読みながら歩く少年の像。多くの人は、小中学校の玄関脇などに設置されてい

た銅像などで、二宮金次郎（1787年～1856年）のことを知っていると思う。主に校庭に飾られていたことからもわかるが、道徳の教科書の中の人というイメージだろう。

自分にできることで社会のために役立とうとする「報徳」や、小さなことを積み重ねて目的達成を目指す「積小為大《せきしょういだい》」という金次郎の報徳仕法を支えた基本思想は、やがて映画の完成後、そのまま上映スタイルなどにも影響を及ぼしていく。

最初の教育長の言葉で引っかかったのは、「金次郎が復興させた」という言葉。「復興」というワードに関しては、東日本大震災後は、僕も東北の出身で復興ということがずっと頭にあったから、そのひと言に触発されて調べ始めたわけです。

わかったのは、相馬、南相馬、大熊、浪江、飯館など、福島第一原発事故によって被災地となった場所のほとんどが、金次郎の弟子たちが十数年かけて復興させた場所でした。調べると、まさに命懸けで復興させていた場所で、それが一瞬のうちに原発でやられてしまうというのは、もし金次郎や弟子たちが生きていたら、どう思うんだろうなと考えました。同時に、各地域が震災からの復興を目指す現在の状況は、金次郎の手がけた復興のころと重なるのではないかと。

ゆかりの場所を歩き始めて思ったのは、これは、案外早く映画にできるかもしれないということでした。というのは、金次郎の意志を継ぐ人たちによって、「全国報徳サミット」という催しが現在も続けられていたからです。全国17市町村で行われていたので、各地の行政が出資してくれれば、立ちどころに動き出せるはず、そう予想したんです。そこで行政のトップに手紙を書いて、会いにいくわけです。

ほぼ全部行きましたよ。小田原、日光、掛川、相馬、南相馬、那須烏山、真岡《もおか》に北海道の豊頃《とよころ》。そこの首長と会って話したんですが、自分の期待どおりにはいきませんでした。今話したように、震災の影響を被ったところも多くて、

「震災で映画どころじゃないです」

と、誰もが口を揃えて言いました。

五十嵐は、この『二宮金次郎』では、映画完成まで「3年かかりました」と言った。つまり、金次郎にゆかりの場所を歩き始めたのは、2015~2016年ごろとなる。東北の被災地にしてみれば、震災の発生から4年が過ぎたころであり、たしかにまだ復興の途上にあった時期となるだろう。

福島県の当時の知事にも会いましたが、まだまだ被災地が厳しい状況というのは、僕も十分わかったつもりでした。でも、そこで止まれないんです。だから悔しいから、全国報徳サミットも3年連続で参加させてもらいました。南相馬などへ行きましたが、そこで数百人の

参加者に自費で作った予告編を観てもらったりしたんです。これは金次郎の生涯を要約したストーリーで、映画とは別の役者を使って作った3分ほどのプロモーション版です。ここにも300万円近くかかっているわけですが、すべて自費です。

同時に、この映画で五十嵐が初めて取り組んだのが、クラウドファンディングだった。

新聞系のクラウドファンディングでしたが、結果からいうと、やらなければよかったと思いました。

けっして、マイナスではないんです。こちらの最初の目標額は500万円で、半分近くは集まったわけです。ただし、そこから手数料で30パーセント近くも持っていかれる。

よく考えれば、『金次郎』を応援しようと最初に思うのは中高年じゃないですか。彼らは、あまりネットをやらないのだと思います。実際に、ホームページなどで告知した郵便振替のサポーター募集のほうが反響がありました。

クラファンも、やたら多くなっていますが、制約が多いのも事実。期日までに達成できないと返却しなければならなかったり、スタートしたら1年以内に映画を完成させなきゃいけなかったり。今後はテーマによって使い分ける必要も出てくるのでしょうが、正直、映画には馴染まないというのが実感でした。

常にお金の苦労はつきまとっていたが、監督自らが「ジタバタ」することで、必ず応援したい、なんとかしてやろうという味方が現れる。世の中、そんなに捨てたものじゃない。

堀ノ内が好きな檀一雄が娘さんに言った言葉にも、「どんな人でも、一生懸命やる人に対しては敬意を持つものだ」とあるじゃない。

ある人を映画化したいというとき、その対象について勉強したり、ゆかりの場所に通い続けるという努力をするのは当然のこと。そうやって一生懸命やってれば、人は、その努力に対して敬意を感じるものと思うんです。敬意まではいかなくても、ちょっと気になるとか。いわゆる、ジタバタ。そこは、努力を惜しんではダメだと思います。

もう一つ、そのときに欲を持っちゃダメと思うんですよ。無欲でなければ。お金欲しいだけでは、人は集まってきません。

当初、僕も、この映画を製作費1億円くらいで作ろうとしていました。時代劇としては1億という予算は厳しいのは明らかで、破格の金額となります。そこで、大先輩の神山征二郎監督に「プロデューサーを紹介してください」と相談すると、篠田正浩監督と長く組んでいて、『瀬戸内少年野球団』（'84）や『スパイ・ゾルゲ』（'03）などを手がけた永井正夫さんを紹介されるんです。

最終的にプロデューサーを永井さんにお願いするんですが、彼も、最初から「1億では難しいだろう」との意見でした。結局、最終的に公称で2億5000万円かかりました。『金次郎』のエンジェルマネーは、この映画らしく、成田山新勝寺でした。もともと、金次郎が山籠もりをした由縁のある寺で、二宮金次郎印の石碑もありました。その後、小田原市や、金次郎の教えに私淑している社長さんの企業などからの出資が続きました。

映画を観客に届ける方法を考え抜く

製作費に目処が立つと、次はキャスティング。主演は、テレビの『水戸黄門』で角さんを演じていた合田雅吏。その脇を榎木孝明、田中美里ら、五十嵐映画の常連ともいうべき役者が固めた。やがて現場での撮影が一段落するころになると、五十嵐は、この映画の上映方法について具体的に考えるようになっていた。一つ確かなのは、これまでと同じことをする気はなかったということ。

ずっと日本の映画界の現状に疑問を抱いてはいたが、かといって、前作の『十字架』では通常どおりに映画館での公開から始まっていた。つまり、映画作りを通じてこの二宮金次郎の生きざまと出合ったことが、五十嵐に、今までとは違う上映スタイルもあるのではないかという大きなヒントを与えたのだった。

撮り終えて、上がりをみながら、ふと思うんです。じゃ、これを、どうやって観客に届けようかと。やはり、立ち上げからそこまでやって、初めて映画作りと言えると思うんです。なのに、今までも、一生懸命に映画を作っても出口がなかなか難しくて。1館で終わったり、僕の映画は東京都写真美術館でも何度か上映してもらっています。しかし、なかなか次につながらない。

過去の作品を思い出せば、『半次郎』は有楽町、『ファイブ』は六本木の映画館からでした。いちばんお客さんが入ったのが『地雷』で、最初は東京2館でしたが、立ち見も出たり。しかし、その後に全国公開となると、地方では映画館の確保からしてなかなか厳しい。

じゃあ、どうするかなと。今の日本の映画界の在り方自体がどうしようもないのなら、よし、映画館で上映するのをやめよう、と思うわけです。

今はでっかいシネコンで1~2週間上映して、次はすぐ配信となって、そこで忘れられるんです、つまりは映画の賞味期限が切れちゃう。

だけど、『二宮』は、いわば演歌のように、地道に生き残れる映画にできないかと思ったんです。これは、二宮が疲弊した各藩を10年かけて報徳仕法や積小為大で復興させていくという考え方と重なるわけですね。その姿が、映画の上映をするというときに、なんとなく頭にありました。

迷いながらの決断でもあったが、そんななか、五十嵐の背中を押す、ある出来事があった。金次郎にゆかりある日光での完成披露の特別上映会でのことだった。

このときばかりは、いわゆるシネコンでの上映会でした。そこへ、歩行を補助するカートを押したご夫婦がいらしていました。いかにも仲睦まじい高齢のご夫婦が、ポップコーンのにおいのするシネコンの会場にわざわざ来てくれている。それもうれしいし、ときにはいいとは思うんですが、正直、どうなんだろうと思うわけです。もっと近所で、気楽に観られる映画というのが、特に今回の『二宮』の場合はふさわしいんじゃないかと、そのご夫婦の姿を見ていて改めて思いました。たとえば僕らの子供のころにあったように、近所の公民館とか学校の体育館で観てもらうとかです。

たしかに、昭和30年から40年代まで、公民館や、ときには戸外での映画上映会が盛んに催され、本当に多くの人が集まった。

私も小学生のころの夏休み、町内の森林公園で催された映画会を鮮明に覚えている。当然、太陽が落ちてからの夜の催し。会場は、晩飯を早めに済ませてきた町内の住民でいっぱい。広大な公園の一角に張られたスクリーンの向こうは、月の光に照らされた山並みのシルエット。『海底大戦争』（66）という映画を観終えて夜道を帰るとき、今にも映画に登場した半魚人の怪物が通りの角から襲ってきそうで、ドキドキしながら家路を急いだものだった。怖かったけど、子供心に、映画っておもしろいもんだと思っていた。

ですから、シネコンでカートを押しているご夫婦を見て思うんです。人に届ける、ということを。

コロナのワクチンも、政府はハコだけを与えるやり方ですよね。大規模な接種会場を都心の大手町に作るのはいいんですが、高齢者はそこまでどうやって行くのかということが忘れられている。震災や紛争地への支援物資も送るのはいいんですが、それを本当に困っている人の手元まで届ける手段までは考えられていないという話もよく耳にします。

じゃあ、こちらは最後までしっかり届けるシステムにしようと思い、映画『二宮金次郎』の大スポンサーであった「万葉倶楽部」の高橋弘会長に相談しました。会長の了解を得て、製作委員会ではスクリーンや機材を積み込めるバンを買いました。そして「二宮金次郎号」と名付け、全国行脚で上映をしていくという試みをスタートさせたんです。恥ずかしながら、そのバンには、私の名前まで書かれていました。

全国30館の上映をキャンセルして「金次郎号」上映キャラバンを始める

製作委員会で作った「金次郎号」に、1万2000ルーメン（明るさの単位）という、普通の映画館と変わらないレベルの上映機能を持つ映写機と6メートルのスクリーンを積んで、日本中を回ることにしたのだった。

実は、その直前まで、配給会社を通じて全国30館程度の劇場での上映が決まりかけていたのをキャンセルまでして、金次郎号での上映キャラバンに踏み切ったという。


宣伝配給費を約1000万円かけて、ある配給会社にいったんは依頼していました。その予算では30館くらいでの上映となっていてチラシまで作ったんですが、スタッフやスポンサーとも、とことん話し合った末に、「やめよう」となるんです。

たとえ1000万円かけても、30館で終わっちゃうわけです。つまり、普通に映画館にかかった場合、上映が終わると、続いて配信やビデオにはなるかもしれませんが、あとは忘れられていくだけ。

だったら、その1000万円で上映機材を積み込んだ金次郎号を走らせて、長く長く、まさしく報徳仕法や積小為大の手法で全国で『二宮金次郎』を上映していこうじゃないかと。

今、振り返ればの話なんですが、やっぱり映画作りを通じて、金次郎さんにいつの間にか

『二宮金次郎』では、最新の上映設備を整えた「金次郎号」で全国の施設を行脚する。懐かしくも新しい映画上映の在り方を提案し、その上映はコロナ禍を超えて今も続いている

影響を受けていたのかもしれない。そう思うと、二宮尊徳（金次郎）が映画のプロデューサーだったら、すごいやり手になったはずです（笑）。緻密にして大胆、そして誰にも損はさせないという。

'19年1月に3日連続で、金次郎の出身地である小田原の市民会館で行われた最初の上映会には、のべ7000人もの観客が詰めかけたという。

今後の、金次郎号による上映キャラバンにとっては、実に幸先のよいスタートとなった。なんとか、これを成功させて、混迷する日本映画界に一石を投じたいと、五十嵐にはそんな思いがあった。

今まで劇場で公開された映画を13本作ってきましたが、特に僕のような単館系の作品というのは、観たい人にすら映画を届けることが難しいんです。

今の日本の映画界は、決定的に制作者が不利というか、もっと言えば損をするシステムで、そこを僕は「いびつ」と言っているんです。作った者が、なんでここまで虐げられるんだと。

たとえば僕の映画を映画館でかけると、まず売り上げの半分を映画館が持っていきますから、ここで50パーセント、次に配給宣伝が20パーセントですから、僕らの手元には30パーセントしか残りません。それで、どうすんのという話です。もっと言えば、監督印税は1・75%

です。これでは、たとえば借金して映画を作っても絶対に返せなくなるんです、よほど頑張らないと。

製作委員会を作った場合、配給収入が生じれば、出資者たちにも、その出資額によってパーセンテージで返していかねばなりません。ただ、出資者の大半は映画で儲けようとは思っていないことが、比較的あって、基本的には協賛に近いかたちが多いです。

ただ、楽しみはあるんです。ひょっとしたら、博打みたいなもんで大バケすることもありうると。300万円程度の製作費で作った『カメラを止めるな!』('17)が興行収入30億円になるとか、ああいう宝くじに当たるみたいなことがあると、次の映画への資金もできるかもしれませんが、なかなかそう簡単ではないです。

映画を作っている人は、多くが、五十嵐と同じように考えているようだ。『ゆれる』('06)や『すばらしき世界』('21)で知られる映画監督の西川美和は、2022年2月24日に配信された東スポwebのインタビューで「映画監督では食べてないです。ほかの映像を作ったり、いろいろアルバイトしながらやってます」と述べ、さらに同年5月10日配信の『web女性自身』でも「自分の職業に対する自尊心を保てなくなるときはあります」と語り、あの売れっ子の監督がと、映画界を超えて衝撃を与えた。

同年3月からは、日本映画界での男性監督による女優らへの性暴力の告発が相次ぐという、社会的にも注目される出来事があった。これを受けて、西川や是枝裕和らが「映画監督有志の会」を立ち上げ、映画監督の立場を利用したあらゆる暴力に反対するとの声明を発表した。

さらに6月半ば、是枝監督らが、映画制作の現場の労働環境の整備など「共助」のシステムを作るための「日本版CNC設立を求める会」を発足させた。CNCとはフランスの国立映画映像センターで、チケット収入などの一部を映画制作者に分配するなどしている。

いずれも、映画界全体が旧態依然とした悪しき伝統を引きずっているという脆弱性が根っこにあるように思うが、特に映画を職業としながら食べていくという問題に関しては、諸外国より国の支援も少ない状況では、現行の上映システムを取っているかぎり変わらないのだろうか。

小屋（映画館）が50パーセント持っていくというのは決められていることで、変わらないでしょうね。つまり、映画界も変わりようがないということ。

ちょっと昔までは、自主上映があって、そこでヒットも出ていました。特攻隊員が主人公の戦争映画『月光の夏』（'93）などです。当たると、大きなお金も入るわけです。あとは、アニメは強いですね。のんが主演した『この世界の片隅に』（'16）は、口コミで大ヒットしました。

逆に今、ネットフリックスの攻勢が、僕たちの周囲でもすごいことになっています。ネトフリで作った作品が映画館にかけられ、それがアカデミー賞の外国語映画賞や監督賞を受賞した『ローマ』（'18）などの例もあって、勢いがありますよね。

日本の映画はナメられていて、今やネトフリへ企画の売り込みが列をなしている状態だとか。あとは、国がやっている「ARTS for the future!」（文化庁が'21年に募集したコロナ禍を乗り越えるための文化芸術活動の充実支援事業）も5000件の応募があったとのことです。

つまり、わが国の映画産業がそこまで苦しんでいるということではないでしょうか。一方で、ネトフリは資金力もあって、1本やるときにはスタッフも丸抱えするわけです。ただ、僕は、それらを全否定しているのではありません。僕自身としても、やっぱり変わっていきたいわけです。たまたま『二宮』は映画のテーマにも合ったのでコツコツと上映していく手法を選びましたが、次の『島守』は、またそこで考えていかなければなりません。

130ページに及ぶ映画パンフレットを作成

『二宮金次郎』では、上映手法だけでなく、映画のパンフレットも130ページもある単行本のような形態にしたり、また二宮金次郎の経営センスは現代にも通用することから、企業向けに映画のDVDや原作本をセットにして販売するなどさまざまな工夫を凝らしている。なんとか、映画を通じて少しでも収益を上げたいという思いが伝わる。すべては、次の作品につなげるためだ。

これまでのような、ネットにも書いてあることの羅列というか、映画のあらすじやスタッフ紹介だけが載っている通り一遍のパンフレットにしたくないと思ったんです。それは、金次郎の死後に親族や弟子たちも報徳仕法などを引き継いで伝えていて、いまだに北海道の豊頃町などでは、その教えに沿って生活している人たちもいるんです。そのことを撮影前の取材で知りましたが、映画にはすべて盛り込めなかった。ですから、そんな秘話も紹介できる読み物的なパンフレットにしたいという思いがありました。それが映画を観たあとに売れれば、こんなうれしいことはありません。

今、話に出た『二宮金次郎』の映画パンフレットにあたる『映画「二宮金次郎」読本　いまに生きる二宮金次郎』の、件の豊頃町のルポなどに筆者もライターのひとりとして参加している。読本作りの過程では、五十嵐は門外漢であるはずの印刷所との代金の交渉なども、デザイナーなどを通じて自ら熱心にやっているのが印象的だった。この読本で紹介された地域での上映会では、数百冊単位の売り上げがあったという。

この先も、日本各地を金次郎号が行き、『二宮金次郎』の映画も息長く上映されると思われていた。しかし、ここにもコロナの影響が及んでくる。

19年1月に映画『二宮金次郎』の公開がスタートして、ちょうど1年が経ち、各地の公民館やホールなどでの上映会の依頼も届くようになっていた。また金次郎号のユニークな活動が雑誌で報じられるなど、五十嵐の考えていた、旧態依然とした日本映画のシステムを脱しようとする試みが、少しずつではあるが形をなそうとしていたときだった。

新型コロナが発生し、ようやく新しい上映スタイルが定着し始めたかに見えた映画『二宮金次郎』も、その影響をもろに受けることになる。


『二宮』は、おおむね順調で、金次郎号が小田原から東北、北海道まで全国を回っていって、のべ6万人くらいの観客に観てもらったところで、コロナ禍になるんです。そのため、'20年に入ってからの約半年で、予定されていた九州など70カ所以上の上映会が延期や中止になりました。


もし、『二宮金次郎』を従来の上映スタイルで続けていたなら、コロナ禍前に一般の劇場での上映は早々に打ち切られ、五十嵐流に言うなら、映画として「賞味期限」をとっくに終えていただろう。

しかし、全国を金次郎号にフィルムを乗せて回るという独自の上映方法は継続しており、映画のホームページでは、いまなお「地域での上映希望」の連絡先のコーナーも健在で、最近になって再び上映希望が日本各地から届いているという。その意味では、映画『二宮金次郎』も、『島守の塔』同様に、このコロナ禍のなかを生き延びた映画となるだろう。

そして、その『島守の塔』に、いよいよ〝そのとき〟が訪れる。

'21年2月、待望の撮影再開に関して、具体的な日程が決まる。撮影中断から実に11カ月が過ぎていた。そこからさらに9カ月、五十嵐はじめ多くの関係者の「何事も起こらないでくれ」という祈りにも似た思いを受けて、予定どおり、2021年11月から12月にかけて撮影が再スタートした。

証言

五十嵐監督の妻・栄

「五十嵐さんが映画を撮り続けられているのは運じゃないのに」と腹立たしい思いをしたことも

映画『みすゞ』の撮影現場で、現地スタッフとして監督と出会い、'01年春に結婚。今日まで、映画を作り続ける五十嵐を、文字どおり、陰で支えてきた。しかし映画と家庭の両立をめぐり、諍いをしたこともあったと打ち明ける。今も、人前で夫のことを呼ぶときは、出会ったころと同じく「五十嵐さん」と呼ぶ。ふたりの息子の母親。

『みすゞ』での山口県・仙崎の現地スタッフになったのは27歳のとき。東京で大学時代を過ごしてのちに帰郷していたので、久しぶりに人の集まるイベントに参加できるのがうれしかったのを覚えています。もともと映画は好きで、ウッディ・アレン監督の作品のファンでした。

五十嵐さんの第一印象は、現場でもオフでも、とっつきにくい人。それが、ロケがあった年の私の誕生日に突然、宅急便で小型の行灯《あんどん》が送られてきたんです。「あったまってください。映画でよくやってもらったから」と。ああ、ちゃんと見ていてくれた、根はやさしい人なんだろうなと思いました。『みすゞ』で出会って以降、東京と山口で遠距離恋愛でした。私が『HAZAN』のロケ地の下館に陣中見舞いに行ったら、自転車の「サカエ号」があって（笑）。それで、ふたりで益子焼きの里を訪ねたり。焼き物について調べていたようで、当時から勉強熱心でした。

結婚してわかったのは、五十嵐さんには普通の家庭人としての欲がないんです。いくつまでにお金を貯めて、いくつでローンを組んで家を持つとか。まず、映画があって、そこにもろもろの生活がくっついてくる。他のことは、いわば、どうでもいい。私は、普通の家庭に育ったので、まずそのことに慣れるのが大変だった。というか、しばらく慣れませんでした。

当時は、1本映画が終われば、まとまったお金が入るという生活。それが結婚して、翌年には長男が、2年後には次男が生まれましたから、以降は、蓄えがなくなりかけて「どうしよう」と思っていると、また「次が決まった」となって、なんとなく生活が成り立つという、大きなスケールの自転車操業というかたちでした。

私は、ずっと冠婚葬祭の司会業をやっていました。しかし、息子ふたりが保育園や小学校に通う年齢になり仕事が続けられなくなると、やはり家計が苦しくなって夫婦喧嘩もしました。「オレが映画撮れなくなってもいいのか」「あなたは、好きでやってるからいいでしょ」と、そんな激しい諍いもあって、彼はテレビの制作会社に毎朝通う仕事を見つけてきたんだと思います。このときが初めての月給制でしたから、生活もいちばん安定していたというのは本当です。

ただ、彼がつらそうなのは、端で見ててわかりました。実際、最後のほうは愚痴も言っていました。「パソコンがデスクからなくなっていた」とか。その後ですね、「これを続けたら、死ぬ」と洩らしました。私もふり返ると、「家族のため」を掲げて、そもそもできない人に会社勤めを押しつけちゃったかなと反省もありました。また、できる人だったら、とっくにそっちに行っているんでしょう。その代わり、今度は映画は作れないんだろうなって。そのことを、私もこのときに知って、五十嵐さんは映画を作る生活しかないんだとようやく受け入れました。

ある映画のロケ現場に行ったとき、関係者のおひとりが彼に言ったんです。「映画1本作るのが大変な時期に、五十嵐さんは運のいい監督ですね」と。当時は、その前に『ＨＡＺＡＮ』『アダン』と立て続けに映画を作っているときでしたから。

私、そのときは口には出しませんでしたが、すごく腹が立って。

運じゃないんですね。彼は、デートでも益子焼きの勉強に行くような人。とにかく映画に関する勉強や書籍などを読み込む量も半端じゃないですし、そこから手書きで整理した資料は何十センチもの厚さになって常に机に置かれています。けっして運もよくないし、要領もよくないし、ゴマもすれない（笑）。家族から見ても、努力の人だと思います。子供も10代半ばになって、「僕はお父さんのようには頑張れない」と言いますね。

長男ができたのが43歳でしたから、遅く父親になって、子供はまさしくイクメンでかわいがりましたね。'18年の夏休みには、高校生と中学生だった息子ふたりを連れてカンボジア旅行もしています。きっと、自分が旅したところを見せたかったのでしょう。一ノ瀬泰造があこがれた、特にアンコールワット。だから、映画に夢中になって、定期的にお給料も入ってこないけれど、私たちを路頭に迷わせるような人ではないという、その最後の信頼はありました。

ほとんど仕事の話は決まってからの事後報告ですが、いちばん落ち込んでいたのは、画家の国吉康雄の企画がなくなったとき。あのときは、カナダやアメリカまで視察にも行ってましたから、「ポシャったよ」と言ったときは、本当に消沈していました。

『島守の塔』の企画が動き出したのは、事務所を起こして3年目でした。ちょうど『二宮金次郎』の地方上映がいい感じで動き出していましたから、そこへコロナが起きて、『金次郎』と『島守』がダブルパンチを食らったわけです。同時に、自分の事務所も製作委員会に加わっていて、金銭的なことも含めてさまざまな責任が大きくのしかかっている様子でした。

ただ、私が言うのも変ですが、頑張っているなぁと思ったのは、毎朝、いつもどおりに9時には家を出て事務所へ行き、シナリオに手を入れる作業をしていたんです。その習慣は、コロナで映画が中断しても、変わりませんでした。仕事に対するきまじめさは、青森のお義父さんに似ているかもしれません。

「こういう仕事はサボりだすとキリがないから」

と、普段から口癖のように言います。

安定した暮らしと映画作りとは、対極にあると思います。映画を作ることで、家族の犠牲もないとは言いません。それでケンカもしますが、「次の映画が決まったから」と言われると、その怒りも帳消しで、リセットされるんです。その繰り返しです。

やっぱり、新しい映画ができて最初にスクリーンで観るあの瞬間が好きだし、撮影や試写会などのお祭りっぽい雰囲気も楽しいじゃないですか。子供も、試写会で父親が挨拶している姿を喜んだり。彼が「ねぶた」と言うとおり、心踊らせてくれるんですよね、映画は。私自身も、やっぱり映画そのものが好きなんだと思います。

「映画は、ずっと撮り続けたい」と言ってます。60過ぎて、健康のことが気になるみたいで、やたら考え込んでいたりすることもあります。ときどき、スタッフの人から「監督と一緒にいて怖くないですか」とか言われますが、家では、けっこうひょうきんなんですよ（笑）。根は、明るい東北人なんです。

第 9 章

『島守の塔』

戦争がもたらすものを撮る③

「生きろ！ 生きてくれ！
生きて家に帰るんや！」

奇跡的なタイミングでの撮影再開

「みなさんは、このシーンでは、沖縄の人たちです。戦争で悲惨な日々が続くなか、山道を逃げていきます。まわりには死体も転がっていますが、それすら気にならないほど、疲れ切っています。もう意識も朦朧として、ゾロゾロ歩くだけ。そういうお芝居をしてください」

顔を泥まみれにして、戦中の沖縄の生活を再現したクバ笠やボロボロになった衣服をまとった200人もの老若男女のエキストラたちを前に、自ら拡声器で説明する五十嵐だった。続いて助監督がエキストラにマスクを外すよう指示すると、再び、

「じゃ、1回、テスト、行きます。みなさん、とにかく、ゆっくり歩いてくださいね」

監督の指示が出るのに合わせてスモークが焚かれる。五十嵐が、カメラのほうを眺めていた子役の男の子につかつかと歩み寄り、坊主頭に手をやりながら言う。

「あそこのカメラは見ちゃダメだよ。どこ見るかというと、あの道の先だ。いいな」

「はい」

「じゃ、テスト。よ〜い、ハイ!」

'21年11月20日の18時過ぎ。『島守の塔』の撮影再開後の最初のロケ現場となったのは、栃木県の岩船山。元は採石場だったというこの場所を、沖縄の南部、摩文仁へと続く道に見立てての撮影だ。

共生共死で、民衆を死に追いやることも厭わない牛島中将（榎木孝明）ら軍部に抗い、島田（萩原聖人）や荒井（村上淳）らが、人々を少しでも安全な知念方面に導いていくという場面。これに続いて、映画の一つのクライマックスである、人々を誘導する島田と、その民衆に紛れて退避していく牛島中将がすれ違うシーンも控えている。撮影は早朝から始まっていたが、すでに太陽は落ちかけていた。

「はい、カット。オッケー！」

五十嵐の、誰より大きな声が山にこだまするほど響く。さすがにマスクをしながらの演出は、彼も初めての体験に違いない。

「みなさん、ご苦労さまです、よかったです。もっと歩きはゆっくりでもいいですかね。あと、もう少し道路全体に泥ください、道ばたに倒れている人のまわりの血糊もお願いします」

指示を聞くや、迅速に動いて対処するスタッフたち。

その後、夜の撮影になって、スマホの表示では気温10度だが、山の風も出てきて、体感温度は0度といったところ。裸足やワラ草履に半袖シャツがほとんどという薄着のエキストラたちも、相当つらそうだ。この後には、雨の中、艦砲射撃により破壊される避難路の場面もあり、そのための放水車が待機し、地中にはすでに火薬が仕掛けられている。そこへ突然、五十嵐の怒声が響き渡る。

「おい、池に半身浸かってる死体役の人に、待ちの間は頭の下に枕を敷いてあげてくれよ。うちらは温かくても、寒いなか頑張ってもらってるんだからな」

いよいよ、現場に張りつめた空気がみなぎる。

監督の周囲には、この本の取材を通じて出会った照明の山川やプロデューサーの川口らもいるが、どの顔も疲れや寒さを嘆くどころか、実に生き生きと立ち働いていた。

何より私が驚いたのは、こまめに動きながら、いつになく大きな声を張り上げる五十嵐の姿だった。シーンとシーンの間には、俳優の村上や榎木らと、役作りに関して真剣に意見をぶつけ合う場面が何度もあった。彼のテンションは、ロケを見学していた8時間ほどまったく変わらなかった。まるで撮影中断の間に身の内に溜め込んだ1年8カ月分の鬱々とした思いを、この現場にぶつけているようだった。

「よし、じゃ、次、本番行きます!」

日付が変わる前に私たちは引き上げたが、その後もロケは続いていた。五十嵐からLINEが届いたのは、翌日早朝のことだった。

'21年11月21日(日) 4時46分
『今終わった。相手できなくてスマン』

夜を徹しての撮影が行われたのだと知る。この後、栃木に続き、富士山麓や撮り残していた沖縄でのロケを終えて、『島守の塔』はクランクアップする。

当時のコロナの状況をふり返れば、東京オリンピック・パラリンピックを挟んで最も激しいピークを迎えていた第5波が、いったん収まりを見せていた。しかし、この栃木ロケから数日後の11月末には変異株であるオミクロン株の国内初の感染者が確認され、年明けから再び第6波に向かうことを思うと、スタッフらの多くがロケ現場でも口にしたとおり、「奇跡」のような再撮影のタイミングだった。変わりやすい秋の空の下、天候にも恵まれた。再び、20日ほどのちに届いた五十嵐からのLINEメッセージ。

'21年12月10日（金）21時36分
『さっきアップした。今沖縄』

「今沖縄」のわずか3文字に、『島守の塔』の監督として再び沖縄の地に立ち撮影できたことへの、万感の思いが込められていた。

'21年2月に、製作委員会で、その年の秋に撮影が再開できると決まってから最初にしたのは、スタッフや役者さんたちに連絡することでした。彼らが「今か!今か!」と待っているのはわかっていましたから。

そのなかで、比較的早い時期に、香川京子さんから、『島守の塔』は沖縄の戦争を描いた映画だから、'70年以上前に『ひめゆりの塔』に出演していた私が出なくちゃダメよね」

と、言っていただきました。

この言葉は僕自身、すごくうれしかったし、心強かった。さらに、香川さんの言葉がみんなに伝わったことで、この映画に関わる人たちが再結集するときのモチベーションがグンと上がったように思います。

香川さんは、黒澤明監督はじめ溝口健二監督、小津安二郎監督など錚々たる監督の作品に出演してこられた大女優さんですから、12月に沖縄で2日間の撮影をご一緒できたことは、まさしく光栄でした。

香川京子、吉岡里帆も……スタッフ、キャストも自分の仕事を練り上げてきた

香川の沖縄での撮影が実現したのが同年12月6日と7日、糸満市摩文仁の平和祈念公園においてだった。プロデューサーの川口によれば、五十嵐は、今回もコロナで香川の沖縄入りが果たせなければ、「このシーン自体をなしにする」と話していたほど、強い思い入れを示していたという。

'53年の『ひめゆりの塔』に学徒役で出演以来、ひめゆり同窓会との交流も続けてきたという香川本人は、製作委員会の一員でもある琉球新報で「若い世代にこの作品を観てほしい」と語って

いた。

撮影再開に際しては、中断が決まったとき同様、主要キャストの何人かには五十嵐と川口プロデューサーで会いに行った。萩原、村上の俳優陣は、

「どうなるか心配していました」

と、このときを待っていてくれた様子なのが、うれしかった。

そんななか、五十嵐が事前に手紙を書いたひとりが、ヒロインの凛を演じた吉岡里帆だった。彼女には、その手紙を通じて、ある願い事をしていた。


吉岡さんの手紙には、まず長い間待たせてしまったことを詫びて、それから、

『もう一度、冒頭部分の凛と妹とのシーンをリテイクさせてほしい』

つまり、撮り直しをさせてほしいと書きました。

当初から、撮影は映画のストーリーどおりの、いわゆる〝順撮り〟ではありませんでした。実は、撮影中断される前の初っぱなの撮影で、最も大事なシーンの一つである凛が壕を出る場面をすでに撮っていたんです。最後に島田から「生きろ」と言われたあとの場面です。その演技を見ると、僕が考えていた凛という女性の、いわば初期設定が変わってきたんです。

もともと凛は架空の人物で、吉岡さんを想定してセリフも〝アテ書き〟していました。また、女優さんですから、役に憑依するというか、演じていても彼女自身がやっぱり出てくる

んですね。まじめで、完璧主義で、まっすぐな女性なんです。
ですから、その吉岡さんの資質や魅力、イコール凛のひたむきな人間性をもっときちんと表現したいと思って、すでに撮り終えていた妹の由紀とのシーンをリテイクしたかったんです。僕自身、ドキュメンタリーをやっていたせいか、現場での変化は大切にしたいと思うんです。

姉妹の戦争の捉え方の違いがわかるこんなやり取りが、その冒頭のシーンにある。

由紀「凛ネエ、私、つまらない。4月から制服が変わったの。モンペ。スカートがよかったのに。それにね、英語の授業もなくなったし。知ってる？　マーガレット・ミッチェルの『風と共に去りぬ』。読もうと楽しみにしてたのに」
凛「米英小説は軽佻浮薄。これからは国民の士気昂揚と健全娯楽の発展のためそれらは一掃すべきです」
由紀「凛ネエ」
凛「敵性音楽の追放。米英語の禁止。由紀ちゃん、すべては御国のため」

吉岡さんには、手紙を出したあとの'21年2月、改めて川口プロデューサーと事務所に挨拶に行きました。そこで彼女は、沖縄で撮影中断になったときに、僕がホテルに電話して告げた「必ず撮影を再開します。約束するから」という言葉を覚えていてくれて、

「監督と約束していましたから、それが叶ってうれしいです」

そう言ってくれ、撮り直しの件も受け入れてくれました。

吉岡さんも頭のいい人だから、そこは監督の意図をわかってくれたと思いますし、このリテイクに関しては、川口プロデューサーも自ら映画を監督する人なので、きちんと理屈を話して納得してもらうことができました。ですから、あのシーンは、セリフは変わっていないけれど、僕は、より吉岡さんの凛が生きるよう演出を変えています。

普通に考えれば、セットを作り直したりするだけでも、お金も時間もかかるわけです。美術や衣装も、またやり直し。役者にしたら、一回、終わったシーンをもう一度演じなければならない。一方で、お金集めがまだ続いている状況もあるなかで、非難囂々となっても当たり前。でも、やらせてくれたのには本当に感謝しています。

感謝の気持ちは、あの栃木県にある岩船山のロケ現場にバスで県内各所から集まってきたエキストラに対しても、変わらないという。あの寒さのなか、戦時下の避難民を演じるため、裸足や薄着のまま深夜まで撮影に協力し続けてくれたのだった。

栃木だけじゃなく沖縄や静岡など、各地で数百人単位の方が協力してくれました。島田さんや荒井さんにゆかりある土地でのロケもありましたから、彼らのことを全国に知ってもらいたくて集まったという人も多かったようです。

僕が、スタッフ、役者はもちろん、エキストラの人たちにもいつも感謝しているというのは、やっぱり、どこかで撮らせてもらっているという感覚があるからで、岩波映画時代も、四宮監督や堀田カメラマンからは、「撮影では、〝撮ってやろう〟と〝撮らせていただく〟という二つの気持ちが大切だ」と教わりました。そこに、あの『天国』で地獄を味わって、自分自身、変われたつもりです。スタッフにも、周囲への感謝の大切さについてはいつも話しています。

けっこう、僕のことを現場では〝熱い〟なんて言われますが、意外と冷静に傍観している自分もいて、あの栃木のロケの前夜も、当日に寒くなるのはわかっていましたから、そこを裸足で過ごすエキストラの人たちが、「何秒のカットまでなら我慢してもらえるだろうか」ということまでスタッフらと、とことん話し合いました。

「命どぅ宝」を映画にして伝えたい

撮影中断から再開まで1年8カ月のブランク、準備段階からは3年もの長い期間を経て、この映画が、他の多くの作品のように中断後にフェイドアウトすることなく、撮影再開に至った理由はなんだろう。

　コロナで危機的状況には陥ったんですが、ただ一つ、みんなのベクトルが同じだったのは、この映画をなんとしても実現させるということ、撮り終えるということで、諦めるという選択肢はありませんでした。

　特に、資金的にはすでに当初の予算も尽きかけていたのも本当で、周囲ではいろいろなことを言う人もいたと思います。途中では、映画のプロデューサーが変わるという思いがけない事態も発生しました。

　そもそも監督とプロデューサーというのは、予算ではぶつかるものです。その意味では、新しくプロデューサーとなった川口は、僕の作り方をわかってくれています。ある意味、彼の手の中で動いていれば、僕は安心なんです。その意味で、戦友です。

　前の話と重なりますが、下手なプロデューサーは、頭ごなしに、「お金がかかるから、あれもダメ、これもダメ」と言う。でも川口は、「ここところを削れば、あれはできます」と、僕がどうしても欲しいものは理解してくれる。だから、吉岡さんのリテイクも認められました。

　一方で、僕がずっと願っていた台湾ロケは、彼とも話して、断念するわけです。その代わり、台湾ロケはなしにするけれど、他の部分で脚本を深めることで補うという作業を、僕たちは徹底して行いました。

本音を言えば、僕は、キャストもスタッフも、中断する前とまったく同じで進めたかった。しかし、役者は同じでできましたが、スタッフはそうはいきませんでした。以前もふれたとおり、助監督も撮影中断の間に何人かはネットフリックスに行ってしまって、あちらは契約も長いので、いざ僕の映画が再開するとなっても、すぐには戻れません。そのなかのひとりには専門学校の教え子もいたんですが、やはりネトフリのほうの映画が始まってしまった。残念ですが、彼らにも生活があるから、そこは仕方ない。

そんな、いろんなことがありました。ですが、1年8カ月の間に、いくつもの危機的状況を迎えたり、「もう諦めたほうがいいんじゃないか」という議論が出たときも、みんなの気持ちをつなぎ止めたのは、この『島守の塔』という映画のテーマである「命どぅ宝」という言葉でした。

この「命どぅ宝」が僕らにあったことは、大きかった。その確固としたテーマを、なんとか映画にして伝えたいという思いのもとに、みんなの気持ちが離れずに前を見続けることができたと思います。

止まっていた映画が動き出す

冒頭の11月末の栃木ロケに続いて、富士山麓のセットでのガマのシーン、そして12月頭に吉岡のリテイクや香川のラストシーンなどを含めた2度目の沖縄ロケを無事に終えた。そんななか、役者たちだけでなく、スタッフやプロデューサーなど多くのこの映画と関わる者たちと久しぶりに現場で顔を合わせて、全員に共通するある変化を如実に感じたと、五十嵐は言う。

1年8カ月の間に、僕も16稿まで脚本を書き直したりしていましたが、同じように照明、撮影、美術といったスタッフも、いろんなことを考えたと思うんです。脚本を読み返して、「ここは監督はこう動くつもりだろう」「このシーンはもっと工夫して短縮できるな」などと。というのは、撮影が再開されたときの現場で、みんなの動きや時間の使い方が以前と明らかに違っていたんです。つまり、彼らが自分なりに考えて行動しているのがわかりました。それはすごい変化だったし、ああ、中断している間も、いつもこの映画のことを忘れずにいてくれたんだなと思うと、本当にありがたかった。

もちろん、役者たちもそうです。役柄は誰も変わっていないわけです。中断前とまったく同じキャスティングでの再開でした。

だから、余計にわかるんです。あっ、すげえ脚本を読み込んできたなと。萩原君も、村上君も、もちろん吉岡さんも、そうやって、みんながこの映画のことを考えて動いていくうちに、どんどん作品がキリリと締まっていくのがわかる。準備期間から入れれば、およそ3年ですから、その間に映画が醸成されていったんだと思いました。だから、改めて僕は映画は時間のかかるものだと思いましたし、それが、やっぱり映画の醍醐味なんです。

照明の山川は、撮影再開後のロケハンから参加したが、ずっと、そのときを待っていたと言う。

「私自身、『島守』の中断の間には、アマゾンや香港映画など3本の仕事をしました。どれも短期だから、できたんです。やっぱり、頭のなかでは、『島守』の声がかかるのを待っていましたから。まあ、今の日本映画の現状では、多くの拘束料を払えませんから、長期の拘束はありえません。昔のような「雪待ち1週間」はないんです。私は最初はテレビで、40歳から映画に関わっていますが、この30数年の間にも、日本映画は貧しくなりました。衰退という意味では、その前から始まっていたんですが。

『島守』では、五十嵐監督から、照明への明確な注文がありました。ガマの中は、どこも同じで真っ暗なんです。そこを、蠟燭やカンテラなど乏しい光のもとで避難している人たちの緊迫した表情を映し出さなければならない。監督からは、『しっかりお願いします』と言われて、プレッシャーをかけられてます（笑）。超難題で、眠れない日が続きました。普段は4人体制の照明ですが、ガマの撮影のときは6人体制で臨みます」

栃木ロケでも、山川さんは、70代半ばとは思えない動きで若い照明スタッフたちに指示を飛ばしていた。そのロケの直前だったが、五十嵐から、いつになく弾んだ声で電話がかかってきた。

「音楽が決まったよ。星勝《ほしかつ》さんにお願いできることになった」

思わず、私も、「それは、すごい」と答えていた。私たち世代にとって、星勝といえば、'70年代に井上陽水や小椋佳のプロデュースをして日本一アルバムを売ったカリスマとして鮮烈に記憶にある音楽人だ。だが一方では、ようやく決まったのだなという思いもあった。

この半年ほど前の取材で、映画の音楽について尋ねると、

「僕の頭には、沖縄が舞台だからといって、沖縄っぽい音楽とは限らないという思いもある。音楽も、本当はもう決めてなきゃいけないんだけど、正直、まだそのゆとりがないんだ」

そう答えていた五十嵐だった。だから余計に、この'21年の11月の再撮影から、止まっていた映画が一気に動き出したことが伝わった。

今、星勝さんがアレンジを担当して、小椋佳さんと作ったウクライナ人アーチストのナターシャ・グジーの『命はいつも生きようとしてる』という歌が、話題になっています。もともと小椋さんが自身の遺作として'17年に書き下ろした作品でした。僕らが、星勝さんに『島守の塔』の音楽を依頼したのも、ウクライナとロシアの戦争が起きる前だったんです。不思議な巡り合わせを感じます。

'22年1月18日　21時46分

『やみくもに突進している。まわりも見えない。でも、たくさんの人に観てもらえるといいな。それだけ。沖縄戦で亡くなった方たちだけを思っている。公開は、今年秋の予定です』

その後の編集作業の進捗を尋ねた私に対して、久しぶりに返ってきた五十嵐のＬＩＮＥ。そのメッセージから、彼がどんな思いでフィルムと向き合っているかがわかった。

公開は、当初の本土復帰50年の5月という春ではなく、秋になりそうだという。封切りを依頼する映画館が、なかなか決まらないということらしい。今年はコロナ禍で公開が延びている映画も多数あるし、毎年、夏休みに向けて大作映画も公開されるので、映画館を押さえるのも大変なのだろうと想像した。

音楽も決まり、僕自身も、昨年12月に撮影を終えて、今年3月まで、いわゆるポストプロと呼ばれる編集作業など映画の仕上げにかかっていました。

編集作業は、まあ、順調でした。というより、順調に進めないと、時間がかかる分、またお金もかかるわけですから。なんといっても、いまだに金集めも続いている状況なんです。

また、島田さん、荒井さんを偉人にしないという、沖縄の人たちとの約束も、僕なりに果たしました。僕なりというのは、こういうことです。映画のなかで表現的に偉人伝としては描いていませんが、ふたりが行ったことの偉大さはきちんと伝えたつもりです。島田さんが、死ぬことをわかっていて沖縄に来てくれたことを、沖縄の人たちは感謝していたと思うんです。また荒井さんも、島田さんが来る直前の4カ月ほどは、前任の知事が沖縄を出たまま帰りませんから、実質、知事の代わりをしていた。そのことも、やっぱり感謝されているはずです。

もし、沖縄の人にふたりへの敬意がなかったら、島守の塔は建てないと思うんです。あれは、沖縄の人たちが建てました。それも、亡くなった県職員と警察官の碑があって、そこに加えて県外からやって来た島田、荒井、両氏の碑があるわけです。あの碑を、ヤマトンチュではなくウチナーンチュが建てているという事実は、動かしがたいものがあります。

映画のなかの、あの島守の塔が出てくるシーンを観て、なんだ、偉人伝じゃないかと思う人もいるかもしれません。でも、そんな簡単なことじゃない。だから、映画のなかで僕は、島田さんが家族を捨てるかたちで沖縄に来る姿も描いたんです。それこそ、戦争がもたらしたものだからです。

ようやく公開日と上映館が正式に決まったと告げられたのは、5月に入ってからだった。7月22日からシネスイッチ銀座で、その後、8月5日に沖縄、兵庫、栃木の3県で上映し、9月から全国公開となるとのこと。これまで公開時期が二転三転した背景には、さまざまな事情があるようだった。

劇場側も、当然、駆け引きがあると思います。なんといっても、コロナもあって、年間

1200本もの映画が、常に公開のタイミングを窺っている状況ですから。

僕たちも、製作委員会やプロデューサーたちとも話し合いを重ねながら、この映画のテーマや性格を考えて、まず最初に公開するのならば、新宿の映画館がいいか、銀座か渋谷がいいかといったことも常に話し合ってきました。

僕個人としては、東京・神保町の岩波ホールでやってほしいという思いもありました。あそこは3カ月とか長いスパンでの上映をしてくれるから、この映画のテーマにも合っていると思いました。でも、悲しいことに、あそこもまもなく閉館してしまうんですね。


岩波ホールといえば、国内外の名作映画を半世紀以上にわたり、ときに埋もれた作品を発掘しながら紹介してきた名画座だ。その老舗のホールが、2022年7月をもって54年の歴史に幕を閉じると報じられたのが、五十嵐が自分の新作映画の編集に没頭していた、今年1月のことだった。日本映画界の危機的状況を象徴する出来事の一つだと思う。

五十嵐は、『島守の塔』に関しては、今回のロシアとウクライナの戦争の動きなどとは関係なく上映館などが決まったと言ったが、今年に入っての国際情勢や国内での報道ぶりなどを見ていると、まったく無関係ではないと感じた。

このロシアによる戦争がアジアにも影響を及ぼすとして、特に中国と緊張した関係が続くなか、「台湾有事」まで持ち出され、再び沖縄の軍事的役割に注目すべきという、一部で戦争に前のめり

な人たちの声も大きくなっている。また、岸田文雄首相が増額を主張する防衛費についても、5
割超が賛成したという世論調査（読売新聞'22年6月6日朝刊）も発表された。

たしかに、今年になってロシアとウクライナの戦争が始まり、日本国内にもきな臭い状況というのはありますから、公開が当初の秋の予定から早まったのは、それとまったく無関係ではないかもしれません。そこは、映画館側もいろいろ考えるでしょうから。

リアルではありますね。特に今年は5月15日に沖縄の本土復帰50年があり、6月23日の慰霊の日、そして終戦記念日と、その流れを考えると、例年より特別な夏になると思うんです。

前に、ウクライナの製鉄所の地下で息を潜める民衆の姿が、沖縄戦でのガマの人々を思い起こさせるという話をしましたが、最近も、ロシアの自国に都合のいい情報の流し方を見ていて、戦時中の日本軍の大本営発表とダブるんです。よく考えれば、沖縄は島ですから、もっと大変だったはず。大陸ならば最後は国外に逃げることもできますが、沖縄は疎開といっても島からは簡単には逃げられなかった。

僕自身、以前に、『島守』と並行して、ウズベキスタンと共同で『遠き桜の香り』という映画作りを進めている話をしました。戦時中の旧ソ連に送り込まれた日本人抑留者たちが、オペラハウスを作ったという秘話の映画化です。実は、この映画のスポンサーとして、ウズベキスタン出身のロシアの企業との話も進んでいましたが、ご承知のとおりの状況で、今では銀行も取り引き停止になっていますから、これもどうなるかわかりません。

最後に変わった島田が、沖縄の人に言った「生きてくれ」

そうしたなか、今年5月の沖縄本土復帰50年の日に、『島守の塔』でヒロインの凛を演じた吉岡里帆が、インスタグラムで、こんな心境を綴った。

　5月15日沖縄本土返還50周年。

『コロナで映画の撮影が延期になり、この年に『島守の塔』が公開することに偶然とは言えない意味を感じています。

私は戦争を知らない世代ではありますが、平和を願う以上は歴史を知るべきで。

目を背けずちゃんと真実を知ろうとする事がいかに大切な事なのかを、この作品を通して痛感しました。

それ程、自分自身が勉強不足でクランクインするまで知らない事だらけでした…

今日もニュースで「何も変わっていない」と県民の方が話されている姿を拝見しましたが、これからよりよい方向へ変わっていくためにも先ずは新しい世代が知らない事を知ることからなのかなと思っています。

この映画がそのきっかけになれますように。』

彼女自身、この映画の準備のときから1年8カ月の中断を経て今日まで、自分なりに、同作品に出演することついて、ずっと自問し続けていたことのわかる内容だと感じた。吉岡といえば、クランクアップしたその日にも、

「監督。いつも、『島守』の現場に入るときに聴いていた曲があるんです」

と言いながら、二階堂和美の『いのちの記憶』という曲を教えられたと、五十嵐が話していた。彼はすぐにアマゾンでそのCDを買い、それが映画『かぐや姫の物語』(13)の主題歌であり、吉岡が、「いまのすべては　過去のすべて」という詞を聴きながら、凛の役作りをしていたんだと知ることができたという。

実際に映画の撮影中も、役者たちが自分のセリフに込める思いの深さを、五十嵐自身、カメラを覗きながら、ひしひしと感じる場面が幾度かあった。

その一つが、映画のクライマックスである、県庁警察部壕内での島田と凛のシーン。生命に危険が及ぶ切迫した戦況のなか、島田は凛に粉ミルクの缶を差し出しながら、早く逃げろと言う。

島田「粉ミルクや。お腹が空いたら舐めなさい。君は兵隊やない。まだ若いねんから、命だけは大切にしなさい」

凛「命なんて、もうお国に捧げています」

頑なな凛に、島田は懸命に説得を続ける。

島田「アホ！　はよ帰れ！」
凜「いやです！　私はここで自決します」
その言葉を聞いた刹那、凜の頬を平手で張る島田だった。
凜「喜んで国のために死ぬと言っているのに、なぜ帰れ、帰れと言うんですか」
島田「比嘉君。生きろ！　生きてくれ！　生きて、生きて家に帰るんや！」

島田さんのなかでも、沖縄での戦争を経て、〝生〟の意味も変わっていたと思うんです。戦況悪化で、自ら知事として沖縄県庁も解散して、彼自身の社会に対する価値観もまた一変したでしょう。

撮影が中断していた'21年9月に、僕は神戸市須磨区で92歳の男性と会いました。17歳で沖縄戦に参加した三枝利夫さんは、負傷して療養していたとき、最後の壕にいた島田さんと偶然会っているんです。看護していた女学生が、「ここに兵庫出身の知事がいる」ということで引き合わされて、こんな会話をしたというんです。

「あなたはどこだ？」「兵庫です」「自分もそうだ。兵庫なまりが懐かしいな。いくつだ？」「17です」「娘と同じだ」という会話があって、最後に「生きろよ」と言われたと。

地元の兵庫に置いてきた自分の娘と同い年の青年が、どろどろの姿になって負傷している姿を見て、ついそう声をかけたんだと思うんです。島田さんは、そこに辿り着くまでいろんな沖縄での体験があって、戦場で多くの人の死も見てきて、その果てに彼は「生きろ」と言う。やっぱり、けっして最初から偉人ではなかった。彼は、戦争のなかで変わったんです。だから、僕は戦争が島田さんにもたらしたものを映画でどう描くべきなのかということを、ずっと考えながら撮り続けました。

その島田さんの「生きろ」という言葉の意味を、僕も萩原君と何度も話しましたが、彼自身もまた深く考えたと思うんです。僕は本番で彼のセリフを聞いて、ロケ現場では目の前の凛に言っているのですが、どうしても、凛ひとりじゃなくて沖縄の人みんなに呼びかけているように聞こえました。あれは、島田さんの心からの叫び。彼は最後に知事ではなく、ひとりの人間、島田叡として関西弁でみんなに「生きてくれ」と言っているんです。

さらに、映画のラストシーン。後日談として語られる、凛の現代の姿がある。これを演じるのが、香川京子である。花を抱えて摩文仁の丘の島守の塔の前までやってきた凛は、戦時中の22歳から長い歳月を経て、今は落ち着いた佇まいの94歳の女性だ。彼女は塔の前まで来ると、あの日、島田に手渡された粉ミルクの缶を取り出して、静かに呟く。

「長官、わたし、生きましたよ」

それから口ずさむのは、かつて島田がよく歌っていた『てるてる坊主』だった。

「てるてる坊主、てる坊主、あーした天気にしておくれ」

涙しながら歌い続ける凛。ここで、映画はフェイドアウトしていく。このシーンに、映画がいろいろな人の救いになってほしいという、五十嵐の願いが込められている。

僕のなかでのメッセージとまでは言いませんが、ある思いを託しています。映画のなかでは、島田さんも何度か『てるてる坊主』を歌いますが、ここは、沖縄戦を生き延びた凛の香川さんに、ぜひ歌ってもらいたかったんです。

今、このコロナの状況や、はからずもロシアとウクライナの戦争まで始まり、それに乗じて国内の一部にも戦争を煽るような雰囲気まであって、いわば目茶苦茶な世の中とも言えます。そのなかで、「あーした天気にしておくれ」のフレーズには、この『島守の塔』の作り手のひとりである僕が、観てくれる人たちに対して、ちょっと立ち止まって、もう一度、戦争や平和について考えてみませんかという問いかけを込めました。僕がスクリーンに刻み込んだ思いを、島田が戦争のなかで最後の最後で変わりえたという重みを、観客のみなさんはきっと受け止めてくれると信じています。

証言

川口浩史③――『島守の塔』プロデューサー

この国の未来のために、瀕死の状態にあった映画を立て直そうと思った

'21年3月、新しいプロデューサーとなった僕は、まさしく瀕死の状態にあった映画『島守の塔』の体制を立て直すために大手術に取りかかりました。まず沖縄へ行き、コロナで中断する前の沖縄ロケについて洗い直しをしました。ロケ地も回ったし、領収書などもチェックして、膨らんだ経費に愕然とするんです。

僕自身、この映画の前に沖縄には5回ほど行っていましたが、恥ずかしながら、島守の塔がある平和祈念公園へ行くのは、このときが初めてでした。正直、これまで、本土の人間としては沖縄の問題というのは、かなり根深くて簡単に論ずることはできないと思って避けていたのもありました。初めて島守の塔の前に立って、島田さん、荒井さんという人が本当にいたんだと思う。その後も何度も

通っていくなかで、沖縄の若い子たちすら、あの戦争で起きたことを知らないという事実にふれて、やべえ、俺、これを伝えなきゃと思う。そこからですね、自分のためというか、大袈裟に聞こえるかもしれませんが、日本の未来のためにやろう、そう思いました。

思い返せば、避けていたとはいっても、沖縄の基地や辺野古の問題などは、やっぱり社会人としてずっと見ていて、なんでこんなに解決に手間取るんだと思うわけです。その問題の根幹に近づくには、沖縄の戦争や歴史について知ることが肝要だと感じると同時に、映画作りでは、改めて島田さん、荒井さんをひとりの人間として描かなきゃいけないと思うんです。

ですから、経費を洗い直すのと並行して、脚本も読み直しました。その時点では、牛島中将が悪で、島田さんが善のように描かれていたんです。それは、違うだろうと。だって、島田さんを沖縄に連れてきたのは牛島中将ですから、戦争が進むなかでは絶対に苦悩する島田さんがいたはずです。そんな島田さんたちの葛藤がぜんぜん描かれていなかった。だから、言いました。

「去年の決定稿は、エピソードの羅列に見えます。もっと島田さん、荒井さんを人間的に掘り下げないと、この『島守の塔』を映画にする意味がないんじゃないでしょうか」

それを思うと、このコロナでの中断期間で、脚本にも手が加えられて、映画がより深みを増したというのも本当だと思います。

ロケハンにも、行きました。カメラや照明の山川さんたちと一緒です。すると、現場に行くと、もう五十嵐さんは途端に以前に戻って、「これもやりたい」「あれもやりたい」となってる。山川さんたちも「打ち合わせと違うじゃないか」と、困っていたり。さらに再撮影の直前に、「このシーンはこうしよう」と、突然の変更の一斉メールが全スタッフに届く。みんなから、「川口さん、どうしよう」と相談されて、僕は、「ちょっと、何も言わずにほっときましょう」で冷却期間を置いてみたり（笑）。

まあ、五十嵐さんは、出会ったときから変わりません、やんちゃというか。でも、沖縄のロケ現場に立って涙してましたから。こんな純粋な63歳っているかな、と思うんです。

僕も、映画を自分で作りたいと思う人間なので、五十嵐さんも言うとおり、今の日本映画界で自分の撮りたいことをオリジナルで作るのはほぼ不可能、というのもわかります。商売にならないからです。

日本の映画界で何がイヤかというと、マーケットが中途半端に小さいこと。日本は人口が1億2000万人で、映画産業もドメスティックななかでかろうじて成り立つんです。でも韓国は5000万人しかいないから、海外に売らざるをえない。だから外国に売れるものを作ろうという意識があって、レベルも自ずと高くなる。

ですが、僕自身はもともと国内で終わるつもりはなくて、だったらどうすれば海外へも出せるような日本映画を作れるかといつも考えています。そのためには、自分の制作会社がスキルを持って、お金も集めて、勝負できるだけの作品作りをしていくしかないんです。『島守』がどん底の状況のなか、この映画のプロデューサーを引き受けたというのは、現場で学んで、そのための準備にもしたいという本音もありました。

だから、五十嵐さんは、今度も自分の思いで自主映画的に完成できればいいと言うかもしれませんが、僕はプロデューサーとして商業的に利益も回収できる作品にしたいと思うし、同時に、100

年後の人にも観せられる映画したいと思うんです。そこは、たぶん、五十嵐さんも一緒。今回のインタビューでは、「オレの悪口も話してきてくれ」と五十嵐さん本人に言われているので、全部、本当のことを話しましたよ。

証言

綱川仁士②——下野新聞社営業局ビジネス開発室室長・『島守の塔』製作委員会メンバー

栃木県民であることを誇りに思っています

映画制作が再開して最初のロケ地は、私たちの地元の栃木の岩船山での撮影でした。この3日間は、一時的にコロナも収まったし、好天にも恵まれ、まさに奇跡的タイミングでした。あの日程でロケが設定されたのは、もともと吉岡里帆さんがその次の月しかスケジュールが空いてないということから逆算して決まっていましたから、私は、吉岡さんはまさしく映画の女神だと思いました。

エキストラの方たちも、本当に頑張ってくれました。栃木だけでなく、各所の300人ものエキストラの募集にも、新聞社ならではの告知力が生かされたと自負しています。

映画の最初のほうでは、荒井さん役の村上さんが、栃木の実家で母親の作ったきんぴらごぼうを食べるシーンがあります。たまたま、あのシーンの撮影場所が宇都宮に近かったものですから、監督から「荒井さんが実際に食べていた太いきんぴらを」とのリクエストが届いて、荒井さんの実の甥ごさんの家で手作りしたものを現場に届けました。だから、あれは本物の荒井家のきんぴらなんです。

その後の、編集作業においても、さまざまな問題が起きました。新聞社内には、宣伝をするには少しでも事前に映画の内容を知りたいという声もあったのですが、いかんせん、五十嵐監督が編集作業になると、驚くほどの完全な缶詰状態となってしまったんです。私は栃木フィルムコミッションなどを通じて何人もの映画監督との付き合いはありましたが、五十嵐監督ほどひとりで編集作業に集中する人を知りません。

今回の映画作りを振り返ると、突然、降りかかったコロナの騒動で、会社としても、新しい事業をやることはリスクにしかならないといった雰囲気があったのも本当です。しかし、そこで思ったのは、地方紙というのは、地元の人たちと向き合ってナンボの存在であるはずということでした。そのなかで、私は地元の企業に協賛をかけあったり、ボランティアを募集したりと、『島守の塔』を通じて、全力で地元のみなさんとも関わってきました。途中には、さまざまなトラブルがあり、

「これをやり続けることで、僕は会社をクビになるどころか、首を吊ることになるかもしれません」

私が言うと、五十嵐監督は、

「わかっています。綱川さん、でも頑張りましょう」

そんな、やり取りもありました。まあ、監督は本当にわかってくれていたのかなぁ（笑）。

映画が完成して思うのは、スクリーンの中でも、荒井さんはやっぱり地味というか、けっして表に出るような人ではなく、官としての責任を忠実に果たし、沖縄県民を守り続けました。でも、そんな愚直なところが、やっぱり栃木県民らしいんですね。改めて、誇りに感じるわけです。

栃木県内では、すでに8月から4つの映画館での上映が決まっています。この映画をきっかけに、たとえば荒井さんの本も出版されたりして、もっと県民の間に「荒井退造」の名前が知れ渡るとうれしいです。

また、私自身、この『島守の塔』を通じて、思いがけず沖縄とのご縁もできましたし、平和の大切さも教わりました。ですから、今年も6月の慰霊の日には、もう仕事ではなくても、プライベートで休みを取って沖縄へ行こうと思っています。

証言

荒井さん、島田さんがいたから、今、私は生きています

比企洋子——比企リベカ会長、宇都宮駅前比企クリニック常務理事

1946年、沖縄県生まれ。沖縄戦の最中、家族が、島田、荒井の避難勧告の言葉を信じて北へ逃げて生き延びた。恩人の名を幼いころから聞かされて育っていただけに、現在、荒井の出身地である栃木県に暮らすこと、映画『島守の塔』との出合いに不思議な縁を感じていると語る。『島守の塔』のスポンサーでもある。

私、昔から、人の名前を覚えるのがとても苦手なんです。昨日、会った人も忘れてしまう（笑）。でも、島田叡さんと荒井退造さんのお名前だけは一度たりとも忘れたことがありませんでした。

私の家は沖縄で代々船大工の棟梁をしており、「マーラン船」と呼ばれ、島と島を結ぶ交易船を造っていました。二代目だった父の越来《ごえく》文治は、その仕事柄、沖縄戦の前まで当時の沖縄県庁や警察署の船を、那覇の泊港で管理する役目を担っていたんです。ですから、知事の島田さん、警察部長の荒井さんとも、普段から言葉を交わす間柄でした。それもあって、沖縄戦が激しくなって、両親たちが那覇から避難するというとき、島田さん、荒井さんから、

「危険だから南に逃げるな、まもなく橋なども落ちてしまう。だから、北部に逃げろ」

そう説得されるんです。

それから両親は、おふたりの言葉を信じて、一族の墓で待ち合わせをして、まだ3歳くらいだった

兄や姉たちをおぶって、中部の与那原、中城《なかぐすく》と昼夜歩いて、最後は平安座島《へんざじま》へ疎開できて生き延びることができました。『島守の塔』の映画のなかにもそんな住民避難のシーンがあって、栃木でロケが行われたそうですね。

私が生まれたのは、終戦から5カ月が経った1月のことです。ということは、もし、あのとき両親が南へ逃げていたら、私は、この世に生まれていないかもしれないのです。きっと、両親にも、その思いがあったのでしょう。物心つくときから、島田さんと荒井さんが北への避難をすすめてくれた話を、折にふれて聞かされて育ちました。「ウチの家族の命の恩人だ」「神様みたいな人たちだ」と。

私自身は沖縄戦を知りませんが、戦後の沖縄の生活も、やはり貧しく、苦難に満ちていました。ウチは幸い父母も健在でしたが、両親、片親のいない友達も多く、小学校を出てすぐに働いて幼い弟妹を食べさせるという同級生も多かったです。生活の格差もあったり、仕事がなくて、軍や基地で働く女性も多く見てきました。ウチの父は、移り住んだ平安座島で再び船大工を始めましたから、手に入れた魚を近所の人に配ったりもしていました。そんな、温かい気持ちを持った両親でした。

ただね、両親も、島田さん、荒井さんのことはよく言いましたけど、戦争の話はあまりしませんでした。父は腕のいい船大工で、アメリカさんの船の修理なども頼まれてしていましたからね。「戦争では、日本人も、アメリカ人も、たくさんの人が命を落とした」と話していました。その後も、ベトナム戦争のときは沖縄からアメリカさんも大勢が戦争に行ったでしょう。それも見ていたから、きっといろんな思いがあったのでしょう。

私は21歳で沖縄を出て、パスポートを持って上京します。まだ、沖縄は復帰前でした。そして、沖縄人形作家として活動しているなかで、外科医の比企達男と知り合って結婚して、27歳で宇都宮に来たんです。その後は、人形作家も続けながら、主人が開業した病院を手伝っていました。'20年の夏ごろでした。宇都宮の経済同友会の集まりに出たとき、旧知の下野新聞の人から声をかけられたんです。

「比企さんっていうお名前ということは、ご主人、沖縄の方ですよね」

よく言われますが、主人の比企は埼玉の一族で、おそらくは、比嘉という沖縄に多い名前と勘違いしているのだろうと思いました。あとで知るのは、『島守の塔』のヒロインの苗字が比嘉なんですね。

「いや、沖縄出身は、主人でなく私なのよ」

「そうだったんですね。実は、今度、沖縄戦を描いた映画があって、その主人公が、栃木の宇都宮出身の荒井退造さんと兵庫の島田叡さんというふたりなんです」

そこで、初めて『島守の塔』のことを聞くわけですが、主人公たちの名前を聞いて、私、思わず叫んでいました。

「えっ‼　あの島田さんと荒井さんですか」

沖縄の戦争のことは思い出したくないのが本音ですが、やっぱり、沖縄は私の故郷。突然、いつも両親から聞かされていた島田さんと荒井さんの名前を、本当に久しぶりに耳にして、もう、その場でジーンと来てしまいました。

そこから、コロナで映画が中断していて、下野新聞さんも一生懸命になって映画を完成させようとして、製作費を集めていると聞くんです。私にも協力できることがあるかもしれないと思って主人に相談したら、「いいんじゃない」と言ってくれました。実は、主人も若いころに沖縄赤十字病院で副院長をしていたことがあったんです。そこの院長さんの名前が、まさに比嘉さんでした。これも、ご縁ですね。スポンサーというかたちですが、私は、島田さん、荒井さんのおふたりが、大勢の沖縄の人たちの命を救ってくれたことへの感謝の気持ちと思っています。

何より驚いたのは、あの荒井さんが、ここ宇都宮の出身だったということ。ああ、私は命の恩人と同じところでずっと暮らしていたんだと、またまた不思議なご縁を感じたものでした。

それから、五十嵐監督も、うちの病院にも3回くらい訪ねて来られて、私が沖縄出身というんで、当時の沖縄の生活習慣や風俗について、毎回熱心に2時間近く聞かれました。さらに、映画の栃木ロケも見せてもらいました。ちょうど、ガマに見立てた鍾乳洞のなかで、兵隊さんの看護をする女学生が包帯を巻くシーンでした。実はその前に、五十嵐監督から「包帯の巻き方を教えてほしい」と依頼されていました。主人が医者で、私も病院を手伝っていましたからね。それで、あの当時、真っ白な包帯はないだろうと考えて、サラシを紅茶で染めて使い古した感じを出してカゴに溢れるほど作ってロケ現場に持参し、指導というほどではないですが、包帯の巻き方を中学生くらいの女学生役の人たちに教えたんです。

その現場で、やっぱり考えてしまいました。戦禍のガマのなかで、10代くらいの女の子たちは、どんな思いで兵隊さんの手当てをしていたんだろう、って。涙が出てきました。

今、テレビをつけたら、コロナとウクライナの戦争のことをやっているでしょう。つらすぎますね。そんなときに、五十嵐監督は、本当にあの沖縄戦の真実の姿をよく映画になさいました。まだ、映画は観ていません。私、つらすぎて、観られないかもしれない。でも、今度は、荒井さんの地元であるここ宇都宮でも上映されるそうですからね。

沖縄では、まだ当時、沖縄戦のなかで逃げまどった体験をした人たちも90歳とか１００歳でお元気な人もいます。私同様に、つらいと思う人もいるはずです。ですが、私は今でも沖縄へよく帰りますが、やっぱり戦後も77年経って、戦争のことをまったく知らない若い人が増えていると実感していました。だから、二度と沖縄戦のようなことが起きてほしくないし、その歴史を後世に伝えていくためにも、今度ばかりは、私も覚悟を持って『島守の塔』の映画を観たいと思っています。

終章 「自分の中の戦争への思いが『島守の塔』へ集約された」

「沖縄で、もう1本、映画を撮りたいんです。『島守』がヒットしたらですけどね（笑）」

1年8カ月ぶりの撮影再開が決まり、次のロケの予定も出始めたころ、五十嵐から、こんな言葉が飛び出した。止まっていた映画が動き出したことで、また以前の彼が戻ってきたようにも思える発言だった。

すでに現在、青森出身の看護師の花田ミキ、川崎市の幼稚園の名物園長、ウズベキスタンの日本人捕虜収容所の秘話など、いくつかの映画企画を並行して進めていることは聞かされていたが、沖縄でもう1本というのは初耳だった。

「市川崑監督は、かつてのインタビューで、『いつも11の企画を持っている』と語っているのを目にしたことがあります。市川監督たちの時代はまだよかったと思うんです。今後は、さらに映画制作を取り巻く環境は逼迫し、資金集め一つとっても完成までこぎつけられる確率は必ず下がっていくでしょうから、僕も、これまで以上に常に複数の企画を抱える大切さを痛感しています」

このなかで、名物園長のドキュメンタリー映画『風の谷』は、まさに、この『島守の塔』が中断している期間に1年かけて撮り終えたのだという。

「『風の谷』は、師匠の四宮さんに編集を手伝ってもらいました。ウズベキスタンの映画は、先方ともリモートでやり取りなどしていましたが、今後はどうなるかまったく見えません。

看護師の花田ミキさんの企画『じょっぱり』も継続中で、脚本の第1稿は完成しています。実は、僕は2歳のころに汽車で急病になり、偶然乗り合わせた花田さんに命を助けられました。そのことは『命のリレー』と題されて青森の地元紙・東奥日報でも報じられたという不思議な縁もあり、いつか彼女の生涯を映画にしたいと思って、今も賛同者を募りながら動いています。

昨今のコロナ禍の国の混乱ぶりにも通じる話なんですが、終戦後の'49年、青森でポリオが流行して子供たちが次々に集団感染していくんですね。ワクチンは当時のソ連にしかなくて、当時の厚生省、つまり国は、ソ連のワクチンを使うことは絶対に許可しない。そうこうしているうちにも、母親たちの心配をよそに子供たちはどんどん感染していく。そこで花田さんたちは、自力でGHQへ交渉にゆき、最新の治療法を授かって解決に導くんです。その後、やっと厚生省も許可を出すというのが本当にあった出来事です。

今のこのコロナ禍を思うと、まったく同じことが続いているようにも思います。対策の曖昧さを、なんとなく国全体で受け入れて、みんなが静観しているだけ。

ですから、花田さんたちの行動から教えられるんです。最近、ネットなどを中心に、みんな、批判は旺盛にするじゃないですか。しかし、批判ばかりじゃなくて、じゃあ、こうするという具体案を一人ひとりが考えて、ともに行動することが求められているのではないでしょうか」

さて、いよいよ映画『島守の塔』が完成に近づいたころ、同時に新企画に関する資料収集や調査を続けていくなかで、五十嵐はふと気付いたことがあるという。

「沖縄戦の調査で興味を持った鉄血勤皇隊や白菊特攻隊も映画にしたいと思って調べているうちに、新たな疑問が浮かんだんです。ひめゆり部隊は何度も映画化されてよく知られているけれど、その陰で、大人の女性の従軍看護婦たちは、もっと過酷な任務を担っていたのではないだろうかと。

考えてみてください。献身的に負傷した兵士を看護するということは、元気にして再び戦場に送り出すということをやっているのではないでしょうか。それは承知のうえと思うんですが、じゃあ、彼女たちはどんな気持ちで仕事をしていたのか。いわば死にに行かせるための看護の想像を絶する葛藤です。そう思ったとき、これは映画になるんじゃないかと思うんです。

あと、ひめゆりと行動をともにしていた先生たちの姿や言葉も残されています。あのガマの中にも男女の先生がいたそうです。そうした人たちのことも、すごく気になってしまうんです」

『島守の塔』のなかに、野戦病院で負傷兵の看護をする由紀が、ひとりの兵士のお小水を取ってやりながら、こんな会話を交わすシーンがある。彼は、戦争が始まるまで女学校の先生だった。

由紀　「上等兵殿はなんの教科の先生でいらっしゃいますか?」

元教師「数学だよ」

由紀　「私、数学大好きなんです。先生」

元教師「あなたたち、もう連立方程式はすんだかい？」
由紀　「はい。一応終わりました。先生、元気になったら、数学教えてください」

これも、五十嵐がひめゆり部隊などの資料からセリフを起こした、思い入れのあるシーンだ。北浦和の彼の事務所の机の上には、いつも夥しい数の書籍が積まれている。ひめゆり部隊など沖縄戦の書籍はもちろん、シベリア抑留を体験した画家・香月泰男の画集だったり、すっかり表紙もボロボロになった古本屋で入手したという花田ミキの評伝だったりする。これらを読んだり調べたりするうちに、不思議な思いにとらわれていた、と打ち明ける。

「花田さんも戦時中には7年の間に3回も病院船に乗って、中国や南太平洋まで従軍しています。そんなことを考えていると、花田さんと沖縄の戦禍のなかの人たち、さらにウズベキスタンの収容所にいた日本人抑留者も、みんな、つながっている感じがしてくるんですよ。さらには、僕が子供のころを過ごした青森の、シベリア抑留を経験したおじさんとの思い出にまでさかのぼっていく。そして、それらの思いは最後には、『島守の塔』へと集約されていくんです」

だから、この映画はコロナなどに負けるわけにはいかなかったし、1年8カ月の撮影中断期間を乗り越えた今は、なんとしてもヒットさせ、次の作品につなげたいと思っている。五十嵐は、試金石という言葉を使った。

「アニメとか若者向け映画しかないなかで、本来の日本映画の良心はどこへ行ったんだと。日本映画の良心とは、作った人のメッセージが込められていて、見たあとに心が揺れたり、誰かと話したくなる映画です。もっと言えば、フィルムを切ったら、監督の血が滲むような映画。

沖縄戦を描いた、いわば骨太の映画がどれだけ受け入れられるか。ある意味、試金石になるのではないかとも思うんです。ですから、僕としては、これを成功させて、ぜひとも2本目の沖縄の映画を撮りたい」

名画座の閉館、映画におけるクラウドファンディングの限界、黒船ネットフリックスの来襲、そして人口が減り続け、コロナの行く末に関わらず、好転はしないだろうといわれる日本の経済。衰退を続ける日本映画を取り巻く状況は、五十嵐のやる気を削ぐようなものばかりだ。また、彼も戸惑っていたが、最近は映画を観る方法も実に多様で、パソコンやスマホを使い倍速で鑑賞する若者も増えているという。この本を通じ、映画ファンのひとりとして、スクリーンに映し出される映像の〝間〟を大切にし、一つのカットを3秒にするか5秒にするかで呻吟する監督たちがいることが、少しでも伝わるとうれしい。

「これまでも、映画を作る人たちはさまざまな苦労をしてきたと思います。でも、自分を振り返っても、小林さんの上板東映のような若い映画人を支える場もあったし、本当に困ったときに現れるエンジェルマネーの提供者もいました。そんな人のつながりこそ、意外とぜいたくなことなんじゃないかと思うんです。たしかに、今はそんな映画館や支援者も少なくなってきて、若い監督はネットやスマホ、ユーチューブに活路を見いだそうとしていたりする」

しかし、五十嵐も、そうした新しい映画作りの潮流を全否定するわけではないという。

「ネットフリックスから話がきたら？　ホイホイと行きますよ（笑）。だって、僕だって、いろんな映画にチャレンジしてみたいですから。言ってしまえば、なんだっていいんですよ。撮ってるときが、生きてる実感があるんです。企画がおっきかろうが、ちっちゃかろうが。たとえば昔の8ミリ時代はカメラが回る音がしたじゃないですか、そのジーッっていうのが自分の鼓動というか、生きてるんだという実感があるんです。

僕には、インディーズという言葉もかっこよすぎて少し違うし、いわば、ずっと自主映画、ゲリラ戦でやってきました。まだ、もうちょっとやりたいなという思いはあります。もういい、ってなっちゃうと、たぶん、そこで撮れなくなるでしょう」

最近は、顔を合わすたびに「守りに入っている自分がイヤになる」と口癖のように言うが、五十嵐が還暦過ぎても奮闘する姿は好きなことを仕事に選んだ者の宿命だろうし、同世代の私たちへの刺激ともなる。願わくば、彼が20代のころによく口にしていた言葉「発展とは苦痛への意志である」を再び胸に掲げ、そして、必ずや沖縄映画の第2弾を実現してほしい。

「自分で企画して、金作って、仲間集めて、映画にして、上映してとやっていくには、ずっと頑張って勉強を続けるしかないんです。そのやり方って、結構しんどいですが、その代わり、誰にも文句を言わせないわけです。ただのゴリ押しなんです、僕の映画の作り方って。

だから、これからもジタバタし続けますよ」

五十嵐匠監督作品の自主上映及び、講演に関しては
株式会社ストームピクチャーズまでお問い合わせください。

映画『二宮金次郎』
監督　五十嵐匠　脚本　柏田道夫
原作　三戸岡道夫『二宮金次郎の一生』（栄光出版社刊）
（合田雅吏　田中美里　成田浬　榎木孝明　柳沢慎吾　田中泯）

映画『島守の塔』
監督脚本　五十嵐匠　脚本　柏田道夫
原案　田村洋三『沖縄の島守ー内務官僚かく戦えり』（中央公論新社刊）
（萩原聖人　村上淳　吉岡里帆　香川京子）

参考文献
『沖縄の島守――内務官僚かく戦えり』田村洋三著（中央公論新社刊）
『沖縄戦と民衆』林博史著（大月書店刊）

カバー写真、『島守の塔』写真

ブックデザイン
IWASHI

堀ノ内雅一（ほりのうち・まさかず）

1958年北九州市生まれ。小倉南高校を経て立教大学文学部日本文学科卒。ノンフィクションライターとして、「女性自身」の人物ドキュメント・コーナー「シリーズ人間」をはじめ、生活者の視点でさまざまな社会現象・事件のなかに息づく人間存在にスポットを当てて取材を続けている。著書に『阿部定正伝』『余命半年の夢』『草原の人　美空ひばりからの手紙』など。

五十嵐匠（いがらし・しょう）

1958年青森市生まれ。弘前高校を経て立教大学文学部日本文学科卒。在学中から映画制作を始め、'89年『津軽』で劇映画デビュー。岩波映画で四宮鉄男に師事。TBS『兼高かおる世界の旅』にもスタッフとして参加する。その後はドキュメンタリー、劇映画の制作を続ける。作品に『SAWADA』『地雷を踏んだらサヨウナラ』『みすゞ』『二宮金次郎』など。2022年7月から『島守の塔』公開。

『戦争がもたらすものを撮る』
沖縄戦映画『島守の塔』監督・五十嵐匠の軌跡

2022年8月2日　初版第1刷発行

著者　堀ノ内雅一
語り　五十嵐匠
発行者　斎藤信吾
発行所　株式会社泉町書房
〒202-0011
東京都西東京市泉町5-16-10-105
電話・FAX042-448-1377
Mail　contact@izumimachibooks.com
HP　http://izumimachibooks.com
印刷・製本　株式会社　シナノ パブリッシング プレス

ISBN 978-4-910457-03-1 C0074